Miara Wiary

„*Mocą bowiem łaski, jaka została mi dana,*
mówię każdemu z was:
Niech nikt nie ma o sobie wyższego mniemania, niż należy,
lecz niech sądzi o sobie trzeźwo – według miary,
jaką Bóg każdemu w wierze wyznaczył."
(Rzym. 12,3)

Miara Wiary

Dr. Jaerock Lee

Miara Wiary autor Dr. Jaerock Lee
Opublikowano przez Urim Books (Reprezentant: Kyungtae Noh)
73, Yeouidaebang-ro 22-gil, Dongjak-gu, Seoul, Korea
www.urimbooks.com

Wszelkie prawa zastrzeżone. Żadna część niniejszej publikacji nie może być reprodukowana, przechowywana jako źródło danych i przekazywana w jakiejkolwiek formie zapisu bez pisemnej zgody wydawcy.

O ile nie zaznaczono inaczej, wszelkie cytaty pochodzą z Biblii Tysiąclecia ® 1960, 1962, 1963, 1968, 1971, 1972, 1973, 1975, 1977, 1995. Wykorzystane za zgodą.

Copyright © 2016 Dr. Jaerock Lee
ISBN: 979-11-263-0160-7   03230
Tłumaczenie na język angielski © 2011 Dr. Esther K. Chung. Użyte za zgodą tłumacza.

Wcześniej opublikowane w języku koreańskim przez Urim Books w 2002

Pierwsze wydanie październik 2016

Edycja: Dr. Geumsun Vin
Projekt: Design Team of Urim Books
Wydrukowano przez Prione Printing Company
Kontakt: urimbook@hotmail.com

Przedmowa

Życzę nam wszystkim, abyśmy posiedli wiarę Ducha Świętego oraz mogli cieszyć się wieczną i niebiańską chwałą w Nowym Jeruzalem, gdzie znajduje się tron Boży!

Wraz z niedawno opublikowaną książką *"Przesłanie Krzyża"*, *"Miara Wiary"* stanowi zbiór najbardziej fundamentalnych i istotnych wskazówek dotyczących chrześcijańskiego życia. Dziękuję Bogu Ojcu za pobłogosławienie wydania tej wartościowej pracy, dzięki której tylu ludzi odkryło duchową rzeczywistość.

Wiele osób obecnie deklaruje wiarę, a jednak nie jest pewnych zbawienia. Nie udało im się jeszcze poznać miary tego niezwykłego uczucia, jakim jest wiara oraz tego, jak musi być wielka, aby człowiek mógł dostąpić zbawienia. Mówi się, że są ludzie małej i dużej wiary, a jednak niełatwo jest dowiedzieć się, jak wielka jest nasza wiara w oczach Boga oraz jak ją mierzyć.

Stwórca pragnie, aby cechowała nas wiara duchowa poparta czynami, a nie wiara ludzkiej cielesnej natury. Bowiem wiara cielesna ma miejsce wtedy, gdy Słowo Boże, które usłyszeliśmy, zapamiętujemy, lecz traktujemy je jako suchą wiedzę, natomiast wiara duchowa nie jest czymś, co możemy posiąść z naszej własnej woli. Jedynie Bóg może nam ją podarować.

Dlatego List do Rzymian 12,3 zawiera zalecenie: „*Mocą bowiem łaski, jaka została mi dana, mówię każdemu z was: Niech nikt nie ma o sobie wyższego mniemania, niż należy, lecz niech sądzi o sobie trzeźwo – według miary, jaką Bóg każdemu w wierze wyznaczył.*" Ten fragment mówi nam, że każdy z nas otrzymuje wiarę duchową od Boga, natomiast nasze prośby, które spełnia Bóg i błogosławieństwa, jakich On udziela, zależą od wielkości naszej wiary.

W 1 Liście Jana 2,12 oraz w dalszych wersetach znajdujemy porównanie rozwijającej się wiary do wiary małych dzieci, wiary dzieci, młodzieńców oraz ojców. Z kolei w 1 Liście do Koryntian 15,41 czytamy: „*Inny jest blask słońca, a inny – księżyca i gwiazd. Jedna gwiazda różni się jasnością od drugiej.*" Fragment ten przypomina nam, że przygotowane dla nas miejsce w niebie oraz że chwała, której dostąpimy w niebie zależna jest od naszej wiary. Ważne jest, aby dostąpić zbawienia i wstąpić do nieba, jednak jeszcze ważniejsze jest posiadanie wiedzy na temat tego, gdzie dokładnie dzięki naszej wierze trafimy oraz którą z nagród otrzymamy. Przepełniony miłością Bóg pragnie, aby Jego dzieci osiągnęły pełnię wiary i żyły z Nim wiecznie w Nowym Jeruzalem, w którym znajduje się tron Boży.

Zgodnie z Bożym zamysłem i naukami Pisma Świętego książka „Miara Wiary" opowiada o pięciu etapach wiary i pięciu poziomach królestwa niebieskiego, oraz pomaga czytelnikowi określić stopień jego własnej wiary. Wprawdzie miejsca w królestwie niebieskim oraz rodzajów i wielkości wiary jest znacznie więcej, jednak aby przesłanie książki było zrozumiałe, w moich rozważaniach skupiam się na pięciu najistotniejszych etapach i poziomach. Mam nadzieję, że porównywanie wielkość własnej wiary do wiary naszych przodków sprawi, że jeszcze bardziej zbliżymy się do królestwa niebieskiego.

Kilka lat temu nieustannie modliłem się, aby otrzymać

objawienie, które rzuciłoby światło na trudne do zrozumienia wersy Pisma Świętego. Pewnego dnia Bóg zaczął wyjaśniać mi, jak wygląda podział królestwa niebieskiego oraz w jaki sposób, według wielkości wiary, przydzielane są miejsca w niebie każdemu dziecku Bożemu.

Niedługo potem zacząłem nauczać o miejscach w niebie oraz wielkości wiary, by później swoje kazania oddać do druku. W tym miejscu pragnę podziękować Panu Geumsun Vin, dyrektorowi redakcji oraz wszystkim jej pracownikom. Dziękuję również tłumaczom.

Modlę się w imieniu Pana naszego, Jezusa Chrystusa, aby każdy czytelnik książki „*Miara Wiary*" osiągnął pełnię wiary i mógł cieszyć się wieczną chwałą w Nowym Jeruzalem – miejscu, gdzie znajduje się tron Boży.

Jaerock Lee

Wstęp

Mam nadzieję, że praca ta stanie się dla każdego czytelnika bezcenną pomocą w określeniu stopnia własnej wiary oraz rozwijaniu jej tak, aby podobała się Bogu.

„*Miara Wiary*" traktuje o pięciu stopniach wiary, zaczynając od stopnia określanego mianem wiary małych dzieci, które dopiero co przyjęły Jezusa Chrystusa do serca i otrzymały Ducha Świętego, do wiary ojców znających Tego, który jest początkiem, czyli Boga. Dzięki tej publikacji każdy może w przybliżeniu ustalić wielkość własnej wiary.

Rozdział 1 „Czym jest wiara?" podaje definicję wiary, omawia jej rodzaje, opowiada o błogosławieństwach i kontakcie z Bogiem, jaki pociąga za sobą wiara, w której Bóg ma upodobanie. Pismo Święte zawiera zapis o dwóch rodzajach wiary: 'wierze cielesnej' lub inaczej opartej na rozumie, oraz 'wierze duchowej'. Rozdział ten podpowiada jak posiąść wiarę duchową oraz wieść błogosławione życie w Chrystusie.

Rozdział 2 „Rozwój wiary duchowej" został napisany na podstawie 1 Listu Jana 2,12-14. Przedstawia wzrost wiary duchowej, porównując go do rozwoju człowieka, kolejno: wiary małych dzieci, dzieci, młodzieńców i ojców. Innymi słowy, kiedy przyjmiemy Jezusa Chrystusa do naszego serca, zaczynamy wzrastać duchowo w Jego wierze i rozwijamy naszą wiarę, zaczynając od tej typowej dla małego dziecka, a kończąc na wierze człowieka dorosłego.

Rozdział 3 „Miara wiary." W niniejszym rozdziale miara wiary każdego człowieka wyjaśniona jest za pomocą przypowieści o fundamencie, jaki pozostawia po przejściu próby ognia wiara ze złota, ze srebra, z drogich kamieni, z drzewa, z trawy lub ze słomy. Bóg pragnie, abyśmy posiadali wiarę ze złota, która jest niezłomna.

Rozdział 4 „Wiara konieczna do zbawienia" objaśnia najmniejszą wielkość wiary – pierwszy z jej pięciu poziomów. Człowiek takiej wiary otrzymuje haniebne zbawienie. Miara tej wielkości nazywana jest wiarą małych dzieci lub wiarą z trawy. Rozdział ten zawiera wyraźne ostrzeżenia i nawołuje do szybkiego dojrzewania w wierze.

Rozdział 5 „Wiara ludzi, którzy próbują żyć według Słowa Bożego" opowiada o drugim poziome wiary, na którym znajdujemy się, jeśli mimo prób nie potrafimy żyć zgodnie ze Słowem Bożym, a największe trudności sprawia nam trwanie w wierze w Pana. W rozdziale tym dowiemy się także, jak przejść na trzeci poziom wiary.

Rozdział 6 „Wiara próbujących żyć według Słowa Bożego" zaczyna się od podsumowania procesu dojrzewania wiary, poczynając od poziomu pierwszego, poprzez poziom drugi, do wczesnego etapu poziomu trzeciego. Od tego momentu wiara wzrasta, aż stanie się solidna jak skała, co stanowi 60% trzeciego poziomu wiary. Rozdział ten omawia różnicę między wczesnym stadium wiary poziomu trzeciego, a staniem się opoką wiary. Wyjaśnia dlaczego będąc opoką wiary nie musimy więcej odczuwać ciężaru niesionego brzemienia oraz podkreśla istotę wytrwałej walki z grzechem, nawet jeśli przyjdzie nam za to zapłacić krwią.

Rozdział 7 „Wiara ludzi, którzy całym sercem kochają Boga" przedstawia różnice między ludźmi na trzecim i czwartym poziomie wiary pod względem miłości do Pana. Omawia także błogosławieństwa jakie otrzymują osoby, które z całej siły kochają

Pana. Rozdział 8 „Wiara miła Bogu" opisuje piąty poziom wiary. Dowiemy się, że aby go osiągnąć wymagane jest nie tylko poświęcenie równe poświęceniu Henocha, Abrahama czy Mojżesza, ale konieczna jest także wierność domowi Bożemu poprzez przestrzeganie wszystkich nakazanych nam przez Boga powinności. Dodatkowo musimy być doskonali na tyle, aby w razie konieczności poświęcić nasze życie za Pana, a także posiadać wiarę Chrystusa, czyli wierzyć całym duchem. Na zakończenie rozdziału poznamy błogosławieństwa, których możemy spodziewać się, kiedy nasza wiara osiągnie ten poziom.

Rozdział 9 „Znaki, które towarzyszą wierzącym" opowiada o cudownych znakach, które będą nam towarzyszyły, kiedy osiągniemy wiarę doskonałą. Każdy z tych znaków jest szczegółowo omówiony na podstawie obietnic danych przez Jezusa w Ewangelii Marka 16,17-18. Co więcej w rozdziale tym autor podkreśla jak ważne jest, aby poruszającym kazaniom każdego pastora towarzyszyły cudowne, świadczące o istnieniu Boga znaki. Dzięki nim wielu ludziom łatwiej będzie posiąść silną wiarę w świecie pełnym grzechu i okrucieństwa.

Książkę kończy rozdział 10 „Wieńce i miejsca zamieszkania w

niebie", który opowiada o miejscach w królestwie niebieskim, w których będziemy mogli zamieszkać. Każdy z nas dzięki wierze może trafić do lepszego miejsca oraz otrzymać większą nagrodę w niebie. Aby dać nadzieję czytelnikom oraz jeszcze bardziej zainspirować ich do starania się o lepsze miejsce w niebie w podsumowaniu rozdziału zawarto opis piękna i wspaniałości Nowego Jeruzalem, w którym znajduje się tron Boży.

Kiedy zdamy sobie sprawę z istotnych różnic między miejscami w niebie oraz nagrodami, które czekają nas zależnie od wielkości wiary, nasze nastawienie do życia w Chrystusie niewątpliwie ulegnie znaczącej przemianie.

Mam nadzieję, że każdy czytelnik książki „*Miara Wiary*" posiądzie wiarę miłą Bogu, oraz wychwalając Go otrzyma, o co tylko poprosi.

Geumsun Vin
Dyrektor redakcji

Spis Treści

Przedmowa

Wstęp

Rozdział 1
{ Czym jest wiara? } • 1

1. Definicja wiary, którą Bóg uznaje
2. Potęga wiary jest nieograniczona
3. Wiara oparta na rozumie, a wiara duchowa
4. Posiąść wiarę duchową

Rozdział 2
{ Rozwój wiary duchowej } • 27

1. Wiara małych dzieci
2. Wiara dzieci
3. Wiara młodzieńców
4. Wiara ojców

Rozdział 3
{ Miara wiary } • 43

1. Boża miara wiary
2. Miary wiary każdego człowieka
3. Wielkość wiary poddana próbie ognia

Rozdział 4
{ Wiara konieczna do zbawienia } • 59

1. Pierwszy stopień wiary
2. Czy otrzymaliśmy Ducha Świętego?
3. Wiara skruszonego złoczyńcy
4. Nie należy tłumić Ducha Świętego
5. Czy Adam został zbawiony?

Rozdział 5
{ Wiara ludzi, którzy próbują żyć według Słowa Bożego } • 73

1. Drugi stopień wiary
2. Najtrudniejszy etap życia w wierze
3. Wiara Izraelitów w czasie wyjścia z Egiptu
4. Dopóki wierzymy i jesteśmy posłuszni
5. Dojrzali i niedojrzali chrześcijanie

Rozdział 6
{ Wiara próbujących żyć według Słowa Bożego } • 93

1. Trzeci stopień wiary
2. Aż staniemy się opoką wiary
3. Wytrwała walka z grzechem

Rozdział 7
{ Wiara ludzi, którzy całym sercem kochają Boga } • 117

1. Czwarty stopień wiary
2. Powodzenie duszy
3. Bezwarunkowa umiłowanie Boga
4. Kochanie Boga ponad wszystko

Rozdział 8
{ Wiara miła Bogu } • 149

1. Piąty stopień wiary
2. Wiara, za którą gotowi jesteśmy oddać życie
3. Wiara, która pozwala czynić cuda i znaki
4. Wierność w domu Bożym

Rozdział 9
{ Znaki, które towarzyszą wierzącym } • 181

1. Wypędzanie demonów
2. Mówienie nowymi językami
3. Podnoszenie węży gołymi rękoma
4. Odporność na śmiertelne trucizny
5. Uzdrawianie chorych za pomocą nakładania rąk

Rozdział 10
{ Wieńce i miejsca zamieszkania w niebie } • 203

1. Wiara kluczem do nieba
2. Królestwo niebieskie doznaje gwałtu
3. Wieńce i miejsca zamieszkania w niebie

Rozdział 1

Czym jest wiara?

1
Definicja wiary, którą Bóg uznaje

2
Potęga wiary jest nieograniczona

3
Wiara oparta na rozumie, a wiara duchowa

4
Posiąść wiarę duchową

*„Wiara zaś jest poręką tych dóbr, których się spodziewamy,
dowodem tych rzeczywistości, których nie widzimy.
Dzięki niej to przodkowie otrzymali świadectwo.
Przez wiarę poznajemy,
że słowem Boga światy zostały tak stworzone,
iż to, co widzimy,
powstało nie z rzeczy widzialnych."*

(Hbr. 11,1-3)

Czym jest wiara? 3

Wielokrotnie możemy zaobserwować, że w Biblii dzieją się rzeczy, na które człowiek nie ma już nadziei lub takie, które nie mogą zostać przez niego dokonane, a które dzieją się dzięki mocy Boga. Mojżesz przeprowadził Izraelitów przez Morze Czerwone. Rozdzielił jego wody na dwoje i wszyscy szli niemal jak po suchym lądzie. Jozue i jego lud zniszczył mury Jerycha, zgodnie z zaleceniem Boga, okrążając miasto siedem razy. Dzięki modlitwie Eliasza po trzech i pół roku suszy z nieba spadł deszcz. Piotr sprawił, że kulawy od urodzenia człowiek wstał i zaczął chodzić, a apostoł Paweł przywrócił do życia młodzieńca, który zmarł, wypadając z okna na trzecim piętrze. Jezus chodził po wodzie, uciszył sztormowe fale i wiatr, przywrócił niewidomemu wzrok i wskrzesił zmarłego, który od czterech dni spoczywał już w grobie.

Potęga wiary jest niezmierzona i dzięki niej możliwe jest wszystko. Tak, jak Jezus odrzekł w Ewangelii Marka 9,23: „*Jeśli możesz? Wszystko możliwe jest dla tego, kto wierzy*", tak i my możemy otrzymać to, o co prosimy, jeśli tylko posiadamy wiarę, którą uznaje Bóg.

Rodzi się pytanie: jaką wiarę uznaje Bóg i jak możemy ją posiąść?

1. Definicja wiary, którą Bóg uznaje

W dzisiejszych czasach wielu ludzi deklaruje wierę we Wszechmogącego Boga, a mimo to, ze względu na brak prawdziwej wiary, nie otrzymuje żadnej odpowiedzi na swoje modlitwy. W Liście do Hebrajczyków 11,6 jest napisane: *„Bez wiary zaś nie można podobać się Bogu. Przystępujący bowiem do Boga musi uwierzyć, że [Bóg] jest i że wynagradza tych, którzy Go szukają."* W ten sposób Bóg oznajmia, że aby podobać Mu się, musimy wierzyć.

Jeśli posiadamy wiarę doskonałą, wszystko jest możliwe. Wiara stanowi podstawę dobrego chrześcijańskiego życia i jest kluczem do uzyskania Bożych odpowiedzi i błogosławieństw. Mimo to wiele osób nie może się nimi cieszyć, ponieważ nie wiedzą, czym jest prawdziwa wiara oraz tym samym jej nie posiadają.

Wiara jest zapewnieniem dóbr, których się spodziewamy. Jest świadectwem tego, czego nie widzimy.

Jaka jest wiara, którą uznaje Bóg? Słownik języka polskiego definiuje wiarę jako „przyjmowanie czegoś za prawdę" lub „przekonanie o istnieniu Boga, i uznawanie za prawdę tego, co Bóg objawił." W języku greckim wiara to pistis, co oznacza „solidny lub wierny." List do Hebrajczyków 11,1 definiuje wiarę następująco: *„Wiara zaś jest poręką tych dóbr, których się spodziewamy, dowodem tych rzeczywistości, których nie widzimy."*

Fragment „wiara zaś jest poręką tych dóbr, których się spodziewamy" odnosi się do tego, co mamy nadzieję zaistnieje w rzeczywistości, ponieważ posiadamy pewność, jakby już się to stało. Na przykład, jakie jest największe pragnienie osoby chorej, która cierpi z powodu ogromnego bólu? Oczywiście jest to pragnienie powrotu do zdrowia, a osoba ta powinna wierzyć w wyzdrowienie tak mocno, jakgdyby była tego pewna. Innymi słowy zdrowie dla tej osoby urzeczywistni się, jeśli będzie posiadała wiarę doskonałą.

Druga część definicji „(...) dowodem tych rzeczywistości, których nie widzimy" odnosi się do tej materii, której jesteśmy pewni dzięki wierze duchowej, nawet jeśli nie jest ona widoczna gołym okiem.

Dlatego wiara pozwala nam uwierzyć, że Bóg z niczego dokonał dzieła stworzenia. Praojcowie wiary otrzymali dzięki niej „porękę tych dóbr, których się spodziewali" w rzeczywistości, a na „dowód tych rzeczywistości, których nie widzimy", ziściły się pewne wydarzenia. W ten sposób doświadczyli oni mocy Boga, który potrafi stworzyć coś z niczego.

Ludzie wierzący w moc tworzenia Boga, jak niegdyś praojcowie wiary, są w stanie uwierzyć, że poprzez swoje Słowo, Pan stworzył wszystko, co istnieje zarówno w niebie, jak i na Ziemi. Prawdą jest, że nikt nie był naocznym świadkiem aktu stworzenia, ponieważ miał on miejsce zanim powstał człowiek. Jednak osoby, które rzeczywiście wierzą, nigdy nie poddają w wątpliwość Boskiego stworzenia.

List do Hebrajczyków 11,3 przypomina nam, że: *„Przez wiarę poznajemy, że światy zostały ukształtowane Słowem Boga, tak iż to, co widzialne, nie powstało ze świata zjawisk."*

Kiedy Bóg rzekł: *„Niechaj się stanie światłość!"* stała się światłość (Rdz. 1,3). Gdy powiedział: *„Niechaj ziemia wyda rośliny zielone: trawy dające nasiona, drzewa owocowe rodzące na ziemi według swego gatunku owoce, w których są nasiona"*, to tak się stało (Rdz. 1,11).

Wszystko, co obecnie możemy dostrzec we wszechświecie, powstało z niewidzialnej materii. Niemniej jednak, wiele osób wyraża przeciwny pogląd i nie wierzy, że to Bóg dokonał aktu stworzenia. Zapewne ludzie ci nigdy nie mieli z Nim styczności.

Posłuszeństwo wyrażone uczynkami jest oznaką wiary

Abyśmy mogli mieć nadzieję na urzeczywistnienie się rzeczy niemożliwych, musimy przed Bogiem dawać świadectwo naszej wiary. Innymi słowy musimy pokazać, że ufamy i jesteśmy posłuszni Jego Słowu. List do Hebrajczyków 11,4-7 wspomina o praojcach wiary, których ogłoszono prawymi na podstawie ich wiary: Abel został uznany za sprawiedliwego w chwili, kiedy złożył ofiarę z krwi, a Bóg ją przyjął; Henoch był miły Bogu, ponieważ stał się świętym, natomiast Noe zawierzył Bogu i budując arkę, został spadkobiercą sprawiedliwych.

Aby lepiej zrozumieć prawdziwą, miłą Bogu wiarę, przyjrzyjmy się historii Kaina i Abla z Księgi Rodzaju 4,1-15. Obydwaj bracia byli synami Adama i Ewy, którzy przyszli na świat już po tym, jak pierwsi ludzie zostali wyrzuceni z raju z powodu złamania nakazu Boga: *„(...) z drzewa poznania dobra i zła nie wolno ci jeść, bo gdy z niego spożyjesz, niechybnie umrzesz (...)"* (Rdz. 2:16-17).

Adam i Ewa żałowali swojego występku, ponieważ na własnej

skórze odczuli jego następstwa: zdobywanie pożywienia w pocie czoła oraz trud związany z wychowywaniem potomstwa. Od tej pory obydwoje nauczali swoje dzieci, jak ważne jest posłuszeństwo. Zapewne nauczyli Kaina i Abla, aby żyli zgodnie ze Słowem Bożym i za wszelką cenę słuchali Jego nakazów.

Na dodatek rodzice zapewne przekazali im, że powinni składać Bogu ofiarę z krwi zwierzęcia, aby uzyskać przebaczenie grzechów. Dlatego zarówno Kain, jak i Abel musieli wiedzieć, że ich grzechy zostaną odpuszczone tylko, jeśli złożą ofiarę z krwi.

Po pewnym czasie Kain oszukał Stwórcę i, podobnie jak zrobiła to jego matka Ewa, nie zastosował się do Słowa Bożego. Był rolnikiem, więc złożył ofiarę z ziaren zbóż, ponieważ uważał, że tak będzie lepiej. Natomiast Abel, który był pasterzem, ofiarował w ofierze pierwsze nowonarodzone zwierzę ze swojego stada, tak jak przykazał mu przez rodziców Bóg. Pan przyjął jego ofiarę, natomiast ofiarę Kaina odrzucił, ponieważ nie była ona zgodna z Jego wolą. W wierze Abel złożył Bogu ofiarę, za którą otrzymał świadectwo, iż jest sprawiedliwy (Hbr. 11,4). Przytoczona historia Kaina i Abla poucza nas, że Bóg ufa nam i nas akceptuje do takiego stopnia, w jakim my ufamy Jemu i jesteśmy posłuszni Jego Słowu. Fakt ten poświadcza także historia Mojżesza oraz historia Henocha.

Dowodem wiary są uczynki będące wyrazem posłuszeństwa. Dlatego musimy pamiętać, że podobamy się Bogu wtedy, gdy dajemy świadectwo naszej wiary, poprzez bycie posłusznymi Jego Słowu niezależnie od sytuacji, ani czasów, w których przyszło nam żyć.

Wiara kluczem do spełnienia naszych próśb i uzyskania błogosławieństw

W naszym własnym interesie jest postępowanie według Słowa Bożego, dzięki któremu, zaczynając od nadziei, będziemy mogli osiągnąć to, czego pragniemy. Jeśli tak, jak Kain zboczymy ze ścieżki wyznaczanej przez Słowo Boże, ponieważ uznamy, że droga ta jest dla nas zbyt uciążliwa, to według praw świata duchowego nie otrzymamy Bożych odpowiedzi ani błogosławieństw.

List do Hebrajczyków 11,8-19 szczegółowo opowiada o historii Abrahama, który posłuszny Słowu Bożemu, dał świadectwo swej wiary. Zgodnie z nakazem Boga opuścił własną ziemię. Zawierzył Mu całkowicie. Kiedy Pan poprosił go o złożenie ukochanego syna Isaaca w ofierze, którym obdarował go kiedy Abraham miał 100 lat, ten był gotów natychmiast wykonać polecenie, ponieważ był przekonany, że Pan będzie w stanie wskrzesić jego syna z umarłych. W zamian za swą wiarę otrzymał liczne błogosławieństwa, a jego prośby zostały wysłuchane, ponieważ Bóg docenił jego wiarę:

„Po czym Anioł Pański przemówił głośno z nieba do Abrahama po raz drugi: Przysięgam na siebie, wyrocznia Pana, że ponieważ uczyniłeś to, a nie oszczędziłeś syna twego jedynego, będę ci błogosławił i dam ci potomstwo tak liczne jak gwiazdy na niebie i jak ziarnka piasku na wybrzeżu morza; potomkowie twoi zdobędą warownie swych nieprzyjaciół. Wszystkie ludy ziemi będą sobie życzyć szczęścia takiego, jakie jest udziałem twego potomstwa, dlatego

że usłuchałeś mego rozkazu" (Rdz 22,15-18).

Dodatkowo w Księdze Rodzaju 24,1 czytamy, że *"Abraham zestarzał się i doszedł do podeszłego wieku, a Bóg mu we wszystkim błogosławił"*, a całość obrazu dopełniają słowa z Listu Jakuba 2,23: *"Tak wypełniło się Pismo, które mówi: Uwierzył przeto Abraham Bogu i poczytano mu to za sprawiedliwość, i został nazwany przyjacielem Boga."* Abraham został hojnie pobłogosławiony we wszystkich obszarach życia, ponieważ zaufał Bogu, władcy życia i śmierci, który potrafi zarówno przekląć, jak i błogosławić. Był gotów poświęcić dla Niego wszystko. Także i my będziemy mogli czerpać radość z Bożych błogosławieństw, a nasze prośby zostaną wysłuchane, w chwili kiedy zrozumiemy poprawną definicję wiary i damy temu wyraz doskonałym posłuszeństwem, tak jak czynił to wiele razy Abraham.

2. Potęga wiary jest nieograniczona

W czterowymiarowym świecie wiara jest jakby pierwszą bramą do świata duchowego i umożliwia nam zjednoczenie się z Bogiem. Dopiero po jej przejściu jesteśmy zdolni usłyszeć Słowo Boże, a nasze oczy dostrzegają duchowe królestwo.

W efekcie zaczynamy żyć zgodnie ze Słowem Bożym oraz nasze prośby są spełniane na mocy wiary. Dzięki nadziei na królestwo niebieskie, nasze życie wypełnia wielka radość, a gdy serca cieszą się i przepełnia je wdzięczność, nadzieja na wstąpienie do nieba towarzyszy nam w codziennym życiu, zaczynamy wielbić Boga ponad wszystko i z radością Mu służyć.

Wówczas świat nie jest godzien nas, ani naszej wiary, ponieważ nie tylko na mocy danej nam przez Ducha Świętego stajemy się świadkami Pana, ale nasza wierność jest tak wielka, że jesteśmy w stanie poświęcić dla Niego nasze życie. Zaczynamy kochać Boga tak, jak ukochał go Paweł apostoł.

Świat nie jest godzien potęgi, jaką niesie ze sobą wiara

Opisując potęgę wiary List do Hebrajczyków 11,32-38 przedstawia ją za pomocą wiary praojców:

„I co jeszcze mam powiedzieć? Nie wystarczyłoby mi bowiem czasu na opowiadanie o Gedeonie, Baraku, Samsonie, Jeftem, Dawidzie, Samuelu i o prorokach, którzy przez wiarę pokonali królestwa, dokonali czynów sprawiedliwych, otrzymali obietnicę, zamknęli paszcze lwom, przygasili żar ognia; uniknęli ostrza miecza i wyleczyli się z niemocy, stali się bohaterami w wojnie i do ucieczki zmusili nieprzyjacielskie szyki. Dzięki dokonanym przez nich wskrzeszeniom niewiasty otrzymały swoich zmarłych. Jedni ponieśli katusze, nie przyjąwszy uwolnienia, aby otrzymać lepsze zmartwychwstanie. Inni zaś doznali zelżywości i biczowania, a nadto kajdan i więzienia. Kamienowano ich, przerzynano piłą, <kuszono>, przebijano mieczem; tułali się w skórach owczych, kozich, w nędzy, w utrapieniu, w ucisku – świat nie był ich wart – i błąkali się po pustyniach i górach, po

jaskiniach i rozpadlinach ziemi"

Osoby, których wiary świat nie jest wart, potrafią nie tylko zrezygnować z doczesnego bogactwa oraz nagród będących tworem społeczeństwa, ale również z życia. Temat ten porusza fragment 1 Listu Jana 4,18, który poucza, że strach opuści nas w zależności od tego jak doskonała jest nasza miłość: *„W miłości nie ma lęku, lecz doskonała miłość usuwa lęk, ponieważ lęk kojarzy się z karą. Ten zaś, kto się lęka, nie wydoskonalił się w miłości."* Czego nie można dokonać siłami ludzkimi, można zrealizować dzięki mocy Bożej. Eliasz, jeden z proroków Pana, dał świadectwo istnieniu Boga żywego, przynosząc z nieba ogień. Elizeusz, działając pod natchnieniem Ducha Świętego, ustalił lokalizację obozu wroga i zdołał ocalić swój kraj, a Daniel przeżył pobyt w legowisku głodnych lwów.

W Nowym Testamencie możemy przeczytać historie wielu ludzi, którzy oddali swoje życie za Ewangelię. Jakub, jeden z dwunastu apostołów naszego Pana Jezusa, został pierwszym męczennikiem, ponieważ zginął przeszyty mieczem. Piotr, jeden z najbliższych apostołów Jezusa Chrystusa, zmarł na krzyżu powieszony głową do dołu. W swojej wielkiej miłości do Pana apostoł Paweł zachował w swym sercu radość i wdzięczność okazywaną Bogu, mimo że przebywał w więzieniu i wiele razy otarł się o śmierć, a ostatecznie ścięto mu głowę. Stał się jednym z największych męczenników działających w imieniu Pana.

Ponadto trudna do oszacowania liczba chrześcijan została rzucona na pożarcie lwom w Koloseum w Rzymie lub z powodu rzymskich prześladowań zmuszona była żyć aż do śmierci w wiecznie ciemnych katakumbach. Apostoł Paweł trzymał się wiary tak silnie, niezależnie od okoliczności, że obecnie możemy powiedzieć, iż zdołał zwyciężyć dzięki niej świat. Wyznał: „*Któż nas może odłączyć od miłości Chrystusowej? Utrapienie, ucisk czy prześladowanie, głód czy nagość, niebezpieczeństwo czy miecz?*" (Rz 8,35).

Wiara pomaga przezwyciężać problemy

Ewangelia Marka 2 zawiera opis sytuacji, w której do Jezusa przyniesiony zostaje paralityk. Widząc wiarę zarówno paralityka, jak i jego przyjaciół, Jezus zwraca się do niego: „*Synu, odpuszczają ci się twoje grzechy*", (wers 5) po czym sparaliżowany człowiek zostaje natychmiast uzdrowiony. Na samą wieść, że do Kafarnaum przyszedł Jezus, tłumy zebrały się przed drzwiami domu, w którym przebywał. Dlatego przyjaciele chorego, chcąc wnieść go do środka, musieli odkryć dach nad miejscem, gdzie znajdował się Jezus i dopiero przez otwór udało im się opuścić łoże na dół. Zbawiciel uznał ich czyny za świadectwo wiary i przebaczył paralitykowi grzechy słowami: „*Synu, odpuszczają ci się twoje grzechy*" (wers 5).

Jednak niektórzy uczeni w Piśmie na te słowa pomyśleli: „*Czemu On tak mówi? On bluźni. Któż może odpuszczać grzechy, prócz jednego Boga?*" (wers 7). Jezus zareagował natychmiast:

„*Jezus poznał zaraz w swym duchu, że tak myślą, i rzekł do nich: Czemu nurtują te myśli w waszych* sercach? *Cóż jest łatwiej: powiedzieć do paralityka: Odpuszczają ci się twoje grzechy, czy też powiedzieć: Wstań, weź swoje łoże i chodź?"* (Mr 2,8-9).

Następnie nakazał paralitykowi: *„Mówię ci: Wstań, weź swoje łoże i idź do domu!"* (wers 11). On wstał, wziął zaraz swoje łoże i wyszedł na oczach wszystkich. Zdumieli się wszyscy i wielbili Boga mówiąc: *„Jeszcze nigdy nie widzieliśmy czegoś podobnego"* (wers 12).

Historia ta świadczy o tym, że kiedy na mocy wiary odpuszczone zostaną nam nasze grzechy, wszystkie problemy w naszym życiu mogą zostać rozwiązane. Jest to możliwe, ponieważ około dwa tysiące lat temu Jezus nasz Zbawiciel otworzył przed nami drogę do zbawienia i odkupił nas od wszystkiego złego: grzechu, śmierci, ubóstwa, chorób i wielu innych (Więcej informacji na ten temat można uzyskać w książce *„Przesłanie Krzyża"*).

Nasze prośby zostaną wysłuchane, jeśli otrzymamy przebaczenie grzechów, zwłaszcza popełnionych w skutek nieprzestrzegania Słowa Bożego. W 1 Liście Jana 3,21-22 Pan obiecuje nam: *„Umiłowani, jeśli serce nas nie oskarża, mamy ufność wobec Boga, i o co prosić będziemy, otrzymamy od Niego, ponieważ zachowujemy Jego przykazania i czynimy to, co się Jemu podoba."* Dlatego jeśli tylko nie jesteśmy oddzieleni od Boga murem grzechu, możemy śmiało Go prosić, a nasze prośby zostaną spełnione.

W Ewangelii Mateusza 6 Jezus wyraźnie zaznaczył, że nie powinniśmy zbytnio martwić się o to, w co mamy się ubrać, co będziemy jeść, ani gdzie będziemy żyć, ale powinniśmy bardziej starać się o królestwo Boga i o Jego sprawiedliwość:

„Dlatego powiadam wam: Nie troszczcie się zbytnio o swoje życie, o to, co macie jeść i pić, ani o swoje ciało, czym się macie przyodziać. Czyż życie nie znaczy więcej niż pokarm, a ciało więcej niż odzienie? Przypatrzcie się ptakom w powietrzu: nie sieją ani żną i nie zbierają do spichlerzy, a Ojciec wasz niebieski je żywi. Czyż wy nie jesteście ważniejsi niż one? Kto z was przy całej swej trosce może choćby jedną chwilę dołożyć do wieku swego życia? A o odzienie czemu się zbytnio troszczycie? Przypatrzcie się liliom na polu, jak rosną: nie pracują ani przędą. A powiadam wam: nawet Salomon w całym swoim przepychu nie był tak ubrany jak jedna z nich. Jeśli więc ziele na polu, które dziś jest, a jutro do pieca będzie wrzucone, Bóg tak przyodziewa, to czyż nie tym bardziej was, małej wiary? Nie troszczcie się więc zbytnio i nie mówcie: co będziemy jeść? co będziemy pić? czym będziemy się przyodziewać? Bo o to wszystko poganie zabiegają. Przecież Ojciec wasz niebieski wie, że tego wszystkiego potrzebujecie. Starajcie się naprzód o królestwo /Boga/ i o Jego Sprawiedliwość, a to wszystko będzie wam dodane" (Mt 6,25-33).

Jeśli naprawdę wierzymy w Słowo Boże, będziemy starali się najpierw o królestwo Boga i o Jego sprawiedliwość. Obietnicom danym przez Pana można zaufać, ponieważ są jak czeki, które z pewnością mają pokrycie. Bóg daje nam wszystko, czego potrzebujemy, dzięki czemu nie tylko otrzymamy zbawienie i życie wieczne, ale możemy też korzystać z wielu dóbr w życiu doczesnym.

Wiarą można sprawować kontrolę nad zjawiskami naturalnymi

W Ewangelii Mateusza 8,23-27 poznajemy moc wiary, która może chronić nas przed zagrożeniami ze strony pogody i zmian klimatycznych oraz sprawować nad nimi kontrolę. Naprawdę wszystko możliwe jest dzięki wierze.

„Gdy wszedł do łodzi, poszli za Nim Jego uczniowie. Nagle zerwała się gwałtowna burza na jeziorze, tak że fale zalewały łódź; On zaś spał. Wtedy przystąpili do Niego i obudzili Go, mówiąc: Panie, ratuj, giniemy! A On im rzekł: Czemu bojaźliwi jesteście, małej wiary? Potem wstał, rozkazał wichrom i jezioru, i nastała głęboka cisza. A ludzie pytali zdumieni: Kimże On jest, że nawet wichry i jezioro są Mu posłuszne?"

Powyższa historia przekonuje nas, że nie musimy obawiać się ani gwałtownych burz, ani fal na spiętrzonym morzu, a możemy nawet mieć nad nimi władzę, o ile wierzymy. Jeśli pragniemy doświadczyć pełni mocy wiary zdolnej panować nad klimatem, musimy osiągnąć pewność wiary równą wierze Jezusa, wtedy wszystko będzie możliwe. To dlatego List do Hebrajczyków 10,22 przypomina nam: „*Przystąpmy z sercem prawym, z wiarą pełną, oczyszczeni na duszy od wszelkiego zła świadomego i obmyci na ciele wodą czystą.*" Biblia zawiera obietnicę spełnienia naszych próśb oraz możliwości czynienia rzeczy o jeszcze większym znaczeniu niż te, które czynił Jezus, pod warunkiem, że osiągniemy całkowitą pewność wiary.

> „*Zaprawdę, zaprawdę, powiadam wam: Kto we Mnie wierzy, będzie także dokonywał tych dzieł, których Ja dokonuję, owszem, i większe od tych uczyni, bo Ja idę do Ojca. A o cokolwiek prosić będziecie w imię moje, to uczynię, aby Ojciec był otoczony chwałą w Synu*" (Jn 14,12-13).

Dlatego powinniśmy zrozumieć potęgę, jaka kryje się w wierze oraz rozwinąć ją do wielkości, w której Bóg będzie miał upodobanie i czego bardzo by pragnął. Tylko wtedy nasze prośby zostaną wysłuchane oraz będziemy w stanie czynić rzeczy nawet większe, niż te, których dokonał Jezus.

3. Wiara oparta na rozumie, a wiara duchowa

Kiedy do Jezusa przyszedł setnik i pełen wiary poprosił o uzdrowienie swojego sługi, Syn Boży rzekł: „*Idź, niech ci się stanie, jak uwierzyłeś. I o tej godzinie jego sługa odzyskał zdrowie*" (Mat. 8,13). W ten sposób Bóg odpowiada na prawdziwą wiarę. Pojawia się pytanie, dlaczego prośby tak wielu ludzi, mimo ich zapewnień wiary w Pana, pozostają bez odpowiedzi?

Dzieje się tak, ponieważ istnieje wiara duchowa, na mocy której jednoczymy się z Bogiem i spełniane są nasze prośby, oraz wiara oparta na rozumie, która nie ma nic wspólnego z Panem, a co za tym idzie, nie posiada żadnej mocy. Przyjrzyjmy się różnicom między tymi rodzajami wiary.

Wiara rozumowa jest jak wiedza

Twierdzenie 'wiara rozumowa' odnosi się do wiary, która powstaje na skutek naszego doświadczenia i jest zgodna z naszą wiedzą lub rozsądkiem. Ten rodzaj wiary często nazywany jest wiarą opartą na wiedzy lub wiarą z rozsądku.

Na przykład osoby, które widziały proces wytwarzania drewnianego biurka i słyszały o nim, bez wątpienia uwierzą, jeśli kto inny powie „biurko jest zrobione z drewna." Każdy może posiadać ten rodzaj wiary, ponieważ wierzy, że coś powstaje z czegoś innego. Innymi słowy uważamy, że do stworzenia jednych rzeczy widzialnych niezbędne są inne rzeczy widzialne.

Od urodzenia gromadzimy wiedzę w naszym systemie pamięci zwanym mózgiem na podstawie doświadczeń, które mają miejsce w naszym życiu. Zapamiętujemy to, co widzimy, słyszymy, uczymy się od naszych rodziców, rodzeństwa, sąsiadów, wiedzę wyniesioną ze szkół, a następnie przywołujemy ją, gdy jest nam potrzebna.

Pośród zgromadzonych wiadomości istnieje wiele fałszywych twierdzeń, które są przeciwne Słowu Bożemu. Jego Słowo jest prawdą niezmienną, natomiast większość naszej wiedzy jest fałszem, który ulega zmianie z upływem czasu. Pomimo to niejednokrotnie traktujemy fałsz jako prawdę, ponieważ nie potrafimy ich od sibie odróżnić. Na przykład uznajemy teorię ewolucji, ponieważ tak nauczono nas w szkole. Podobnie nie wierzymy w to, że coś może zostać stworzone z niczego.

Wiara rozumowa jest wiarą martwą i nie jest poparta uczynkami

Po pierwsze, osoby opierające swą wiarę na rozumie, nie potrafią zaakceptować Bożego aktu stworzenia, choć chodzą do kościoła, w którym poznają Pismo Święte. Dzieje się tak, ponieważ dotychczas nabyta wiedza jest sprzeczna z Jego Słowem. Ludzie ci nie wierzą w opisywane przez Biblię cuda. Wierzą w Słowo Boże wtedy, kiedy wypełnia ich łaska i Duch Święty, jednak w chwili, gdy mają gorsze chwile w życiu, zaczynają wątpić, a nawet uważać, że spełnienie ich próśb przez Boga jest dziełem przypadku.

Wiara rozumowa powoduje konflikt w sercach ludzi. Mimo wyznawania jej ustami, nie potrafią oni przyznać się do niej w głębi własnego serca. Takie osoby nigdy nie nawiązały osobistej relacji z Bogiem, ani nigdy nie będą przez Niego kochane, ponieważ nie żyją według Jego Słowa.

Oto przykład. W zasadzie rozsądne wydaje się odpowiadanie przemocą na przemoc, ale Biblia poucza nas, abyśmy kochali swoich wrogów, a jeśli ktoś uderzy nas w prawy policzek, powinniśmy nadstawić lewy. Osoba, której wiara opiera się na rozumie odda cios, aby poczuć satysfakcję z odegrania się.

Postępując w ten sposób przez całe życie, o wiele łatwiej jest jej nienawidzić lub zazdrościć. Jednocześnie dla takiej osoby pełne radości i wdzięczności życie zgodne ze Słowem Bożym staje się uciążliwe, ponieważ nie jest zgodne z jej przekonaniami.

Jak mówi List Jakuba 2,26: „*Tak jak ciało bez ducha jest martwe, tak też jest martwa wiara bez uczynków*", wiara rozumowa jest wiarą martwą i pozbawioną uczynków. Ludzie, których wiara opiera się na rozumie, nie dostąpią zbawienia, a ich prośby nie zostaną wysłuchane przez Boga. O tym mówi nam Jezus: „*Nie każdy, który Mi mówi: Panie, Panie!, wejdzie do królestwa niebieskiego, lecz ten, kto spełnia wolę mojego Ojca, który jest w niebie*" (Mat 7,21).

Bóg uznaje wiarę duchową

Wiarę duchową posiadamy wtedy, kiedy wierzymy, mimo że nie widzieliśmy dających podstawę do uwierzenia dowodów na własne oczy, lub mimo że coś nie zgadza się z naszą nabytą wiedzą, czy też nie jest po naszej myśli. Uwierzyć to, na przykład, uznać Boga za stworzyciela zdolnego powołać coś do istnienia z niczego.

Ludzie posiadający duchową wiarę, wierzą bez najmniejszych wątpliwości, że Bóg poprzez swoje Słowo stworzył niebo i ziemię oraz ukształtował człowieka z prochu. Wiara duchowa nie jest czymś, co możemy mieć, ponieważ taką mamy zachciankę. Daje ją nam Bóg. Obdarowani tą wiarą ludzie wierzą w biblijne cuda, dlatego z łatwością przychodzi im życie zgodne ze Słowem Bożym, a co więcej spełnione zostają ich prośby, które w wierze wznoszą do Boga.

Bóg uznaje wiarę duchową popartą uczynkami i tylko poprzez ten rodzaj wiary możemy zostać zbawieni, iść do nieba i otrzymać odpowiedź na nasze modlitwy.

Wiara duchowa jest „wiarą żywą" i popartą uczynkami

Kiedy posiadamy wiarę duchową, Bóg przyjmuje nas do siebie i zapewnia życie pełne błogosławieństw. Na przykład załóżmy, że dwóch rolników pracuje na ziemi swego pana. Obydwaj pracują w tych samych warunkach, ale jeden z nich zbiera pięć worków ryżu, a drugi tylko trzy. Z którego z nich bardziej zadowolony byłby właściciel ziemi? Naturalnie, że z tego, który przynosi pięć worków plonów.

Zbiory obydwu rolników różniły się w zależności od wysiłku, który włożyli w dbanie o plony. Ten, który zebrał pięć worków ryżu, musiał często w pocie czoła plewić chwasty i podlewać ziemię. Natomiast ten, który zebrał nie więcej niż trzy worki ryżu, był leniwy i zaniedbywał swoją pracę.

Podobnie Bóg osądza nas po naszych owocach. Dopiero wiarę popartą uczynkami uzna za duchową i nas pobłogosławi.

W nocy, podczas której aresztowano Jezusa jeden z apostołów, mówi do Niego: *„Choćby wszyscy zwątpili w Ciebie, ja nigdy nie zwątpię"* (Mat. 26,33). Na co Syn Boży odpowiada: *„Zaprawdę, powiadam ci: Jeszcze tej nocy, zanim kogut zapieje, trzy razy się Mnie wyprzesz"* (wers 34). Słowa Piotra były żarliwe i pochodziły z głębi serca, lecz Jezus wiedział, że zostanie przez niego zdradzony, kiedy jego życie znajdzie się w niebezpieczeństwie.

W tamtym czasie na Piotra nie zstąpił jeszcze Duch Święty i

gdy Jezus został pojmany, Piotr wyrzekł się go trzy razy. Przemienił się dopiero później, kiedy zamieszkał w nim Duch Święty. Jego wiara dotychczas oparta na wiedzy, została zastąpiona wiarą duchową. Stał się apostołem zdolnym odważnie głosić ewangelię i podążał drogą prawości aż do czasu, kiedy zmarł ukrzyżowany głową do dołu.

Dzięki duchowej wierze potrafimy zaufać Bogu i być mu posłuszni w każdej sytuacji. Aby ją posiąść musimy nieustannie starać się żyć według Słowa Bożego i mieć niezmienne serca. Żyjąc w duchowej wierze, popartej uczynkami, możemy dostąpić zbawienia i osiągnąć życie wieczne. Zostaniemy przemienieni w człowieka doskonałej prawdy i będziemy cieszyli się wieloma błogosławieństwami dla ducha i ciała.

Musimy jednak pamiętać, że wiara martwa, oparta na wiedzy, niepoparta uczynkami, w żaden sposób nie przybliży nas do zbawienia ani wysłuchania naszych próśb przez Boga, choćbyśmy nie wiadomo jak często uczęszczali do kościoła.

4. Posiąść wiarę duchową

Jak możemy zamienić wiarę rozumową w wiarę duchową, tak aby spełniły się nasze nadzieje, a to co dotychczas niewidzialne stało się żywym dowodem? Co musimy zrobić, aby posiąść taką wiarę?

Wyrzeczenie się przyziemnych myśli i teorii

Znaczna część wiedzy, którą zdobywamy od chwili przyjścia

na świat jest niezgodna ze Słowem Bożym, co oznacza, że tym samym stanowi ona przeszkodę w procesie nabywania wiary duchowej. Na przykład teoria ewolucji podważa istnienie Boga, Stworzyciela świata. W konsekwencji, osoby, które uznają tę teorię, nie są w stanie uwierzyć, że Bóg mógł dokonać aktu stworzenia czegokolwiek z pustki. Jak mogliby uwierzyć, że „*na początku Bóg stworzył niebo i ziemię*" (Rdz. 1,1)?

Dlatego, aby posiąść duchową wiarę, należy wyrzec się przeciwnych Słowu Bożemu myśli oraz teorii, choćby takich jak teoria ewolucji, które powstrzymują nas od wiary w Jego Słowo zapisane w Biblii. Dopóki nie pozbędziemy się wszystkich tkwiących w nas idei sprzecznych ze Słowem Bożym, nie będziemy w stanie w nie uwierzyć.

Co więcej niezależnie od tego, jak często uczęszczalibyśmy na nabożeństwa kultowe, nie posiądziemy wiary duchowej. To dlatego wielu ludziom, mimo że regularnie chodzą do kościoła, daleko jeszcze do wstąpienia na drogę zbawienia, a ich modlitwy pozostają niewysłuchane przez Boga.

Apostoł Paweł zanim nawrócił się pod wpływem widzenia Pana Jezusa w drodze do Damaszku, posiadał jedynie wiarę duchową. Nie uznawał Jezusa za Zbawiciela ludzi i początkowo prześladował wielu Chrześcijan.

My zaś musimy wyzbyć się przeciwnych Słowu Bożemu myśli oraz teorii, które blokują drogę do wiary w Słowo Boże, abyśmy mogli zamienić wiarę rozumową w wiarę duchową. Poprzez postać apostoła Pawła, Bóg napomina nas:

„*Gdyż oręż bojowania naszego nie jest z ciała, lecz posiada moc burzenia, dla Boga, twierdz warownych.*

Czym jest wiara? 23

Udaremniamy ukryte knowania i wszelką wyniosłość przeciwną poznaniu Boga i wszelki umysł poddajemy w posłuszeństwo Chrystusowi z gotowością ukarania każdego nieposłuszeństwa, kiedy już wasze posłuszeństwo stanie się doskonałe" (2 Kor 10,4-6).

Paweł dzięki temu, że zdołał wyzbyć się myśli oraz wszelkich idei przeciwnych Bogu, stał się wspaniałym ewangelistą i posiadł wiarę duchową. Został głównym propagatorem ewangelii wśród pogan oraz położył kamień węgielny pod działalność misyjną na świecie. Pod koniec wypowiedział następujące słowa, które niektórym mogą wydawać się bardzo odważne:

„Ale to wszystko, co było dla mnie zyskiem, ze względu na Chrystusa uznałem za stratę. I owszem, nawet wszystko uznaję za stratę ze względu na najwyższą wartość poznania Chrystusa Jezusa, Pana mojego. Dla Niego wyzułem się ze wszystkiego i uznaję to za śmieci, bylebym pozyskał Chrystusa i znalazł się w Nim – nie mając mojej sprawiedliwości, pochodzącej z Prawa, lecz Bożą sprawiedliwość, otrzymaną przez wiarę w Chrystusa, sprawiedliwość pochodzącą od Boga, opartą na wierze" (Flp 3,7-9).

Gorliwa nauka Słowa Bożego

List do Rzymian 10,17 poucza: *„Przeto wiara rodzi się z tego, co się słyszy, tym zaś, co się słyszy, jest słowo Chrystusa."* Oznacza to, że musimy słuchać Słowa Bożego i uczyć się go. Jeśli nie znamy Słowa Bożego, nie możemy według niego żyć. Jeśli nie działamy pod wpływem Słowa Bożego, a jedynie traktujemy je jako źródło informacji, Bóg nie obdaruje nas wiarą duchową, ponieważ moglibyśmy stać się pyszni z powodu posiadania wiedzy.

Przypuśćmy, że istnieje dziewczyna, która w przyszłości ma nadzieję zostać sławną pianistką. Nieważne, ile przeczyta książek na ten temat oraz ile pozna teorii – nie osiągnie wymarzonego celu bez odpowiednich ćwiczeń. Tak samo dopóki nie postępujemy według Słowa Bożego, nie płynie dla nas żadna korzyść z czytania, słuchania ani zapamiętywania go. Wiarę duchową posiądziemy tylko wtedy, gdy zaczniemy działać, bazując na Słowie Bożym.

Posłuszeństwo Słowu Bożemu

Musimy wierzyć w Boga Żywego i trwać przy Jego Słowie niezależnie od okoliczności. Gdy po wysłuchaniu uwierzymy w nie bez cienia wątpliwości, będziemy mu posłuszni. W rezultacie zagości w naszym sercu pewność, ponieważ Słowo Boże urzeczywistni się, a wtedy jeszcze bardziej ogarnie nas pragnienie, aby żyć według niego.

Powtarzając ten proces, możemy otrzymać wiarę, która pozwoli nam w pełni stać się posłusznymi Słowu. Wówczas zstąpią na nas łaska Pańska, moc Boża oraz Duch Święty i zacznie nam się powodzić.

Kiedy Izraelici wyszli z Egiptu, było pośród nich co najmniej sześćset tysięcy mężczyzn w wieku dwudziestu lat lub starszych. Jednak ostatecznie tylko dwójka – Jozue oraz Kaleb – mogła wkroczyć do Ziemi Obiecanej. Poza nimi nikt inny nie zaufał w głębi serca obietnicy Boga i nie był Mu posłuszny.

W Księdze Liczb 14,11 Pan rzekł do Mojżesza: *„Dokądże jeszcze ten lud będzie Mi uwłaczał? Dokądże wierzyć Mi nie będzie mimo znaków, jakie pośród nich zdziałałem?"*

Ludzie ci zdawali sobie sprawę z istnienia Boga, a ponieważ doświadczyli Jego mocy, widząc jak zesłał na Egipt dziesięć plag oraz rozdzielił wody Morza Czerwonego uważali, że wierzą w Niego. Bóg przewodził im i niejednokrotnie dawał wyraz Swego istnienia: chronił Izraelitów słupem ognia w nocy, za dnia słupem obłoku oraz zapewniał im pożywienie, zsyłając każdego dnia mannę z nieba.

Mimo to, kiedy Pan nakazał im wkroczyć do Ziemi Kanaan, nie posłuchali ze strachu przed Kananejczykami. Zaczęli narzekać i sprzeciwiać się zarówno Mojżeszowi, jak i Aaronowi. Działo się tak, ponieważ wiara ich opierała się na rozumie, na obserwacji czynionych przez Boga cudów i demonstrowanej potęgi. Izraelici nie posiadali wiary duchowej, która pozwoliłaby im zawierzyć Bogu.

Aby osiągnąć ten rodzaj wiary powinniśmy wierzyć w Boga i być Mu posłuszni za wszelką cenę. Jeśli Go naprawdę kochamy, zawierzymy Mu, a On w nagrodę wysłucha naszych modlitw i ostatecznie przywiedzie do życia wiecznego.

W Liście do Rzymian 10,9-10 Paweł napisał: *„Bo jeśli ustami swoimi wyznasz, że Jezus jest Panem, i uwierzysz w sercu swoim, że Bóg wzbudził go z martwych, zbawiony będziesz. Albowiem sercem wierzy się ku usprawiedliwieniu, a* *ustami wyznaje się ku zbawieniu."*

'Uwierzyć w sercu swoim' nie odnosi się do wiary rozumowej, ale do wiary duchowej, która oznacza wiarę pewną, pozbawioną wszelkich wątpliwości. Osoby, które głęboko wierzą w Słowo Boże, słuchają go, stają się prawi i stopniowo upodabniają się do Pana. Ich wyznanie „wierzę w Boga" jest prawdziwe, dzięki czemu mogą dostąpić zbawienia.

Na zakończenie rozdziału pragnę prosić o błogosławieństwo dla nas wszystkich, abyśmy posiedli wiarę duchową i udowadniali ją uczynkami, będąc posłusznymi Słowu Bożemu! Wtedy spodobamy się Panu i będziemy mogli cieszyć się życiem pełnym jego mocy, dzięki której wszystko jest możliwe.

Rozdział 2

Rozwój wiary duchowej

1
Wiara małych dzieci
2
Wiara dzieci
3
Wiara młodzieńców
4
Wiara ojców

„Piszę do was, dzieci,
że dostępujecie odpuszczenia grzechów
ze względu na Jego imię.
Piszę do was, ojcowie,
że poznaliście Tego, który jest od początku.
Piszę do was, młodzi,
że zwyciężyliście Złego.
Napisałem do was, dzieci,
że znacie Ojca,
napisałem do was, ojcowie,
że poznaliście Tego, który jest od początku,
napisałem do was, młodzi,
że jesteście mocni
i że nauka Boża trwa w was,
i zwyciężyliście Złego."
(1 Jn 2,12-14)

Rozwój wiary duchowej 29

Jeżeli posiądziemy wiarę duchową, staniemy się dziećmi Bożymi i możemy być pewni, że zostaniemy pobłogosławieni i osądzeni sprawiedliwie. Nie tylko dostąpimy zbawienia i wstąpimy do nieba, ale też nasze prośby zostaną wysłuchane. Jeśli słuchamy Jego Słowa i cechuje nas miła Bogu wiara, to wszystko dzięki niej staje się dla nas możliwe.

Jezus powiedział: *„Tym zaś, którzy uwierzą, te znaki towarzyszyć będą: w imię moje złe duchy będą wyrzucać, nowymi językami mówić będą; węże brać będą do rąk, i jeśliby co zatrutego wypili, nie będzie im szkodzić. Na chorych ręce kłaść będą, i ci odzyskają zdrowie"* (Mar 16,17-18).

Z ziarna gorczycy wyrasta duże drzewo

Syn Boży, widząc swych uczniów niezdolnych do wypędzenia demonów powiedział im, że są małej wiary, po czym dodał, iż nawet z wiarą tak małą jak ziarno gorczycy wszystko jest możliwe. W Ewangelii Mateusza 17,20 napisano: *„Z powodu małej wiary waszej. Bo zaprawdę, powiadam wam: Jeśli będziecie mieć wiarę jak ziarnko gorczycy, powiecie tej górze: Przesuń się stąd tam!, a przesunie się. I nic niemożliwego nie będzie dla was."*

Rozmiar ziarna gorczycy można porównać do kropki na papierze postawionej za pomocą długopisu. Mimo tak niewielkiej wiary możliwe jest przesunięcie góry z jednego miejsca na drugie oraz czynienie wielu innych cudów. Czy mamy wiarę wielkości ziarenka gorczycy? Czy na nasz rozkaz góra przesuwa się? Czy wszystko jest dla nas wykonalne? Ponieważ niemożliwe jest dla nas zrozumienie znaczenia tego fragmentu bez uprzedniego zrozumienia jego znaczenia duchowego, wspomożemy się przypowieścią o ziarnku gorczycy, którą opowiedział Jezus:

„Królestwo niebieskie podobne jest do ziarnka gorczycy, które ktoś wziął i posiał na swej roli. Jest ono najmniejsze ze wszystkich nasion, lecz gdy wyrośnie, jest większe od innych jarzyn i staje się drzewem, tak że ptaki przylatują z powietrza i gnieżdżą się na jego gałęziach" (Mt 13,31-32).

Ziarno gorczycy jest w porównaniu do innych ziaren dużo mniejsze, lecz kiedy wypuści pędy i rośnie, przeobraża się w potężne drzewo, w którego gałęziach ptaki mają schronienie i zakładają gniazda ptaki. Jezus, opowiadając przypowieść o ziarnku gorczycy, pragnął przekazać nam, że i my jesteśmy w stanie przesuwać góry, a wszystko będzie dla nas możliwe, jeśli tylko nasza wiara dojrzeje. Jezus spodziewał się, że Jego uczniowie mają wielką wiarę, dzięki której zdolni są do dokonywania wielu nadzwyczajnych czynów. Zwłaszcza, że przebywali z nim już długo i na własne oczy widzieli wiele wspaniałych dzieł Bożych. Okazało się jednak, że uczniowie wcale nie posiadali wielkiej wiary, dlatego Jezus ich zganił.

Pełnia wiary

Kiedy otrzymamy Ducha Świętego i posiądziemy duchową wiarę, powinniśmy zadbać o to, aby osiągnęła ona swoją pełnię, dzięki której wszystko stanie się możliwe. Bóg pragnie, aby ze wzrostem naszej wiary, spełniały się nasze pragnienia. W Liście do Efezjan 4,13-15 czytamy: „*Aż dojdziemy wszyscy razem do jedności wiary i pełnego poznania Syna Bożego, do człowieka doskonałego, do miary wielkości według Pełni Chrystusa. [Chodzi o to], abyśmy już nie byli dziećmi, którymi miotają fale i porusza każdy powiew nauki, na skutek oszustwa ze strony ludzi i przebiegłości w sprowadzaniu na manowce za pomocą przekazywania fałszu. Natomiast abyśmy byli ludźmi, którzy żyją prawdziwie w miłości i wzrastają ku Temu, który jest Głową – ku Chrystusowi.*"

Po narodzinach niemowlę zostaje wpisane do rejestru urodzeń, następnie dorasta, staje się dzieckiem, później nastolatkiem, aby po osiągnięciu dojrzałości założyć rodzinę i zostać rodzicem.

Podobny proces musimy przejść pod względem duchowym. Kiedy przez Jezusa Chrystusa stajemy się dziećmi Bożymi, nasze imię trafia do księgi żywota do królestwa niebieskiego. Od tego momentu nasza wiara powinna wzrastać, osiągając coraz wyższe poziomy: wiary dzieci, młodzieńców oraz ojców.

Z tego powodu w 1 Liście do Koryntian 3,2-3 napisano: „*Mleko wam dałem, a nie pokarm stały, boście byli niemocni; zresztą i nadal nie jesteście mocni. Ciągle przecież jeszcze jesteście cieleśni. Jeżeli bowiem jest między wami zawiść i niezgoda, to czyż nie jesteście cieleśni i nie postępujecie tylko*

po ludzku?"
Tak jak noworodek potrzebuje mleka, żeby przeżyć, tak każde duchowe dziecko potrzebuje duchowego mleka, aby mogło się rozwijać. Rodzi się pytanie, w jaki sposób możemy rozwinąć wiarę dziecka do poziomu wiary ojców.

1. Wiara małych dzieci

W 1 Liście Jana 2,12 czytamy: *„Piszę do was, dzieci, że dostępujecie odpuszczenia grzechów ze względu na Jego imię."* Fragment ten mówi nam, że osoba, która nie znała Boga, otrzyma odpuszczenie grzechów tylko wtedy, gdy przyjmie Jezusa Chrystusa do serca, po czym na mocy Ducha Świętego otrzyma prawo, aby stać się dzieckiem Bożym (Jan. 1,12).
Tylko poprzez Jezusa Chrystusa nasze grzechy mogą zostać odpuszczone, dzięki czemu możemy osiągnąć zbawienie. Jednak ludzie uważają chrześcijaństwo za rodzaj religii wywierający po prostu pozytywny wpływ na samopoczucie umysłowe i z tego powodu często wątpią, zadając pytanie: „Dlaczego twierdzisz, że można zostać zbawionym jedynie w Jezusie Chrystusie?"
Dlaczego to Jezus Chrystus jest naszym jedynym zbawicielem? Ponieważ człowiek może zostać zbawiony jedynie dzięki mocy imienia Jezusa Chrystusa, który umarł na krzyżu i przez Jego krew ludzkie grzechy zostają odpuszczone.
W Dziejach Apostolskich 4,12 czytamy: *„I nie ma w żadnym innym zbawienia, gdyż nie dano ludziom pod niebem żadnego innego imienia, w którym moglibyśmy być zbawieni."*
W tej samej księdze 10,43 napisano: *„Wszyscy prorocy*

świadczą o tym, że każdy, kto w Niego wierzy, przez Jego imię otrzymuje odpuszczenie grzechów." Oznacza to, że zamiarem i wolą Boga jest, aby ludzie zostali zbawieni w Jezusie Chrystusie.

W historii ludzkości przejawiało się wielu wielkich ludzi, często określanych jako 'wspaniałomyślni' chociażby takich jak Sokrates, Konfucjusz lub Budda. Jednak z Boskiej perspektywy byli oni zaledwie kruchymi istotami i grzesznikami, ponieważ jako potomkowie Adama, który dopuścił się grzechu nieposłuszeństwa, wszyscy nosimy brzemię grzechu pierworodnego.

Mimo to Jezus posiadał duchową moc oraz umiejętności niezbędne, aby stać się naszym Zbawicielem. Ponieważ został poczęty z Ducha Świętego, był wolny od grzechu pierworodnego. W ciągu swego życia nie popełnił ani jednego złego uczynku. Niewinny Chrystus, który z miłości gotów poświęcić swoje życie za grzeszników, posiadł w ten sposób siłę, aby zbawić ludzkość.

Zatem jeśli wierzymy, że Jezus Chrystus jest jedyną, prawdziwą drogą do zbawienia i uznajemy go za Zbawiciela, to odpuszczone są nam wszystkie nasze grzechy, a wraz z otrzymaniem Ducha Świętego od Boga stajemy się Jego dziećmi.

Wiara złoczyńcy, który wisiał na krzyżu obok Jezusa

Kiedy Jezus został ukrzyżowany i wypełniało się proroctwo zmazania grzechów ludzkości, jeden z wiszących obok Zbawiciela złoczyńców okazał skruchę za swe grzechy i, zanim skonał, uznał Syna Bożego za swojego Zbawiciela. W rezultacie stał się dzieckiem Bożym i wstąpił do raju. Podobnie dzieje się ze wszystkimi ludźmi, którzy przyjmując Jezusa Chrystusa do serca rodzą się ponownie. Bóg zwraca się do nich: „Moje małe dzieci!"

Po wysłuchaniu tego fragmentu niektóre osoby zaczynają rozumować w ten sposób: „Złoczyńca uznał Jezusa za Zbawiciela i został zbawiony tuż przed swoją śmiercią. Skoro tak, to będę czerpał z tego świata pełnymi garściami i przyjmę Jezusa Chrystusa do serca, uznając go za swego Zbawiciela tuż przed śmiercią. Dzięki temu trafię do nieba!" Jednak taki sposób myślenia jest zupełnie niezgodny z prawdą.

Co skłoniło złoczyńce do uznania za Zbawiciela – wyśmiewanego przez okrutnych ludzi Jezusa, który umierał na krzyżu? Prawdopodobnie po tym, jak usłyszał Jego przesłanie zaczął domyślać się, że Jezus może być Mesjaszem. Kiedy wisiał obok niego, wyznał swoją wiarę. W ten sposób dostąpił zbawienia oraz otrzymał prawo wstąpienia do raju.

Podobnie każdy otrzymuje prawo, aby stać się dzieckiem Bożym, gdy uznaje Jezusa za Zbawiciela i otrzymuje Ducha Świętego. Dlatego Bóg nazywa taką osobę: „moje małe dziecko."

Tak, jak po narodzinach niemowlę zostaje wpisane do rejestru, oficjalnie stając się obywatelem danego państwa, tak my, stając się dziećmi Bożymi, otrzymujemy obywatelstwo niebieskie w chwili, gdy nasze imię zostaje wpisane do księgi żywota.

Stąd też wyrażenie 'wiara małych dzieci' odnosi się do wiary ludzi, którzy niedawno przyjęli Jezusa Chrystusa do serca. Ich grzechy zostały przebaczone i stali się dziećmi Bożymi, których imiona trafiły do księgi żywota w niebie.

2. Wiara dzieci

Nowonarodzeni duchowo, jako dzieci Boże w Jezusie

Rozwój wiary duchowej

Chrystusie, zaczynają wzrastać w duchowej wierze, a ich wiara przekształca się i osiąga wyższy poziom. Kiedy niemowlę zostaje odstawione od piersi matki, zaczyna rozpoznawać mamę i tatę, a także pewne obiekty, otoczenie i ludzi. Mimo to nadal pozostaje pod opieką rodziców, ponieważ ma nikłą wiedzę o świecie. Jeśli zapytalibyśmy dziecko czy wie, kto jest jego rodzicem prawdopodobnie odpowie „tak." Jednak, jeśli dopytamy o pochodzenie rodziców lub historię ich rodu, nie będzie w stanie udzielić sensownej odpowiedzi. Stąd wniosek, że dzieci nie znają szczegółów na temat swoich rodziców, choć mówią: „znam swoją mamę i swojego tatę."

Kiedy rodzice przynoszą zabawki dla swoich pociech, to potrafią one stwierdzić, czy jest to zabawkowy samochód lub lalka, jednak nie wiedzą z czego te przedmioty są wykonane, ani jak zostały zakupione. Dzieci zdają się znać niektóre fakty, zwłaszcza te widzialne i namacalne, jednak nie pojmują jeszcze wielu niedostrzegalnych gołym okiem detali.

Pod względem duchowym dzieci posiadają wiarę nowicjuszy w znajomości Boga Ojca, a po przyjęciu Jezusa Chrystusa do serca i otrzymaniu Ducha Świętego czerpią szczęście z Jego łaski. W 1 Liście Jana 2,12 czytamy: *„Napisałem do was, dzieci, że znacie Ojca."* W tym fragmencie słowa „znacie Ojca" odnoszą się ludzi, którzy posiadają wiarę dzieci, ponieważ przyjęli Jezusa Chrystusa do serca i poznają Słowo Boże, uczęszczając do kościoła.

Tak, jak na początku dziecko wie niewiele, lecz w miarę dorastania, coraz lepiej poznaje swoją mamę i swojego tatę, tak nowo wierzący stopniowo, chodząc do kościoła i słuchając Słowa Bożego, zaczynają coraz lepiej rozumieć wolę i serce Boga Ojca.

Dlatego wiara dzieci to wiara ludzi, którzy usłyszeli prawdę i znają ją, lecz nadal tylko czasami przestrzegają Słowa Bożego. Ten stopień wiary ciągle jest daleki od doskonałości.

Kto woła do Boga „Ojcze"?

Kłamie ktoś, kto nie przyjął Jezusa Chrystusa do serca, a mimo to twierdzi: „znam Boga." Jednak są osoby, które mówią „Nie chodzę do kościoła, jednak wiem kim jest Bóg." To ci, którzy niegdyś chodzili do kościoła, co najwyżej dwukrotnie przeczytali Biblię lub przypadkowo zasłyszeli Słowo Boże. Ale czy poznali Boga Stwórcę naprawdę?

Gdyby faktycznie znali Boga, rozumieliby, dlaczego Jezus jest jedynym Synem Bożym, dlaczego Bóg zesłał Go na nasz świat, oraz dlaczego umieścił w Edenie drzewo poznania dobra i zła. Osoby te musiałyby wiedzieć o istnieniu piekła i nieba, a także o tym, jak mogą dostąpić zbawienia.

Co więcej, jeśli w pełni rozumiałyby te fakty, to nie odmówiłby chodzenia do kościoła lub życia według Słowa Bożego. Mimo to ludzie ci nie chodzą do kościoła ani nie nazywają Boga „Ojcem", ponieważ nie znają Go i nie wierzą.

Tak samo wielu ludzi nie mówi prawdy twierdząc, że zna Boga, kiedy tak naprawdę w Niego nie wierzy. Nie wiedzą, kim jest ani nie mogą wołać do niego „Ojcze", ponieważ nie znają Jezusa Chrystusa i nie żyją według Jego Słowa (Jan 8,19).

Różne zawołania do Boga

Wołanie do Boga zmienia się zależnie od wielkości wiary wypowiadającego. Nikt nie nazywa Go „Bogiem Ojcem" dopóki nie uzna Jezusa Chrystusa za Zbawiciela. Jest to dość naturalne, ponieważ osoba ta jeszcze nie narodziła się ponownie.

Jak ludzie, którzy niedawno przyjęli wiarę nazywają Boga? Są trochę nieśmiali i wołają do Niego po prostu „Boże." Nie mówią z miłością „Boże Ojcze", gdyż czują zakłopotanie lub jest to dla nich obce, ponieważ nie służyli jeszcze Bogu jako swojemu Ojcu.

Jednak sposób nazywania Boga zmienia się w miarę wzrostu ich wiary, aż osiągną stopień dzieci. Wtedy zwą Go radośnie „Ojcem" jak małe dzieci, które mówią na ojca „tatusiu." Oczywiście to prawidłowe, gdy nazywają Go „Bogiem" lub „Bogiem Ojcem." Jednak dopiero później, kiedy ich wiara bardziej dojrzeje, zaczną określać Pana mianem „Ojciec Bóg", a podczas modlitwy „Ojciec."

Które określenie Boga jest Mu bliższe i milsze: „Boże", czy też „Ojcze"? Jak bardzo cieszyłby się Pan, gdybyśmy z głębi serca wołali do niego „mój Ojcze"!

W Księdze Przysłów 8,17 jest napisane: „*Tych kocham, którzy mnie kochają, znajdzie mnie ten, kto mnie szuka.*" Oznacza to, że im bardziej kochamy Boga, tym bardziej On kocha nas. Im więcej Go poszukujemy, tym większa szansa, że usłyszy nasze wołania.

W rzeczywistości jako dzieci Boże, będziemy żyli na zawsze w niebie i mówili do Pana „Ojcze", toteż dobrze byłoby, abyśmy budowali dobrą relację z Bogiem już za życia. Z tego powodu musimy wykonywać nasze obowiązki jak przystało na dzieci Boże oraz dawać dowód miłości do Boga poprzez całkowite posłuszeństwo Jego Słowu.

3. Wiara młodzieńców

Tak, jak dzieci dorastają i stają się silniejsze oraz bardziej wnikliwe, tak ich wiara dojrzewa i przemienia się w wiarę młodzieńców. Innymi słowy po etapie wiary nazywanej duchowym dzieciństwem, poprzez modlitwę oraz Słowo Boże, poziom wiary wzrasta, aż osiągnie stopień młodzieńczy, pozwalający odróżnić wolę Bożą od grzechu.

Młodych ludzi cechuje siła i odwaga

Niewiele jest dzieci znających dobrze prawa rządzące w danym kraju, dlatego opiekują się nimi rodzice, na których spoczywa odpowiedzialność za ewentualne popełnienie przestępstwa przez ich pociechę. To rodzina wpaja dziecku, co jest dobre, a co złe. Maluchy nie potrafią powiedzieć, co jest grzechem, czym jest prawość ani jakie są serca ich rodziców, ponieważ nadal się uczą.

Jak to jest z nastolatkami? Są silni, porywczy i skłonni do popełniania grzechów. Są ciekawi, żeby zobaczyć, nauczyć się lub doświadczyć wszystkiego. Często naśladują innych. Zazwyczaj są także nad wyraz ciekawi, uparci oraz żywią przekonanie, że są w stanie zrobić wszystko.

W podobny sposób w sensie duchowym młodzi ludzie nie biegają za przyziemnymi rzeczami. Zamiast tego, ze względu na silną wiarę oraz pełni Ducha Świętego, żywią nadzieję na wstąpienie do nieba oraz przezwyciężenie grzechu z pomocą Słowa Bożego. Ponieważ Słowo mieszka w nich i dodaje odwagi, bez względu na okoliczności prowadzą pełne radości życie, przezwyciężając pokusy szatana i świata.

Przezwyciężanie szatana i panowanie nad nim

Jak to jest, że młodzi, silni i pełni dodającej odwagi wiary, stawiają czoła grzesznemu światu i szatanowi? Odpowiedź kryje się we fragmencie Ewangelii Jana 2,13: „*Piszę do was, młodzi, że zwyciężyliście Złego*", który daje do zrozumienia, iż dzieci Boże mają moc przezwyciężania zła. Szatan, choć silny, nie ośmiela manifestować swojej obecności przed dziećmi Bożymi. Jeśli mieszka w nas Słowo Boże, to mieszka w nas też prawda i możemy walczyć z szatanem. Jednak tak jak ludzie dorośli, dopóki nie znają prawa, nie potrafią z samej obserwacji powiedzieć, jak ono funkcjonuje, tak i my nie możemy żyć według Słowa Bożego, póki go nie poznamy.

Dlatego musimy odrzucić wszelkie pokusy, pielęgnować Słowo w naszych sercach i żyć według niego. Właśnie w ten sposób ludzie pełni młodzieńczej wiary zwyciężają zło. Z tego powodu w 1 Liście Jana 2,14 napisano: „*Napisałem do was, młodzi, że jesteście mocni i że nauka Boża trwa w was, i zwyciężyliście Złego.*"

4. Wiara ojców

Kiedy charakteryzujący się hartem ducha młodzi ludzie dorastają i wkraczają w wiek dorosły, nabywają umiejętności oceniania oraz rozumienia sytuacji, a wraz z doświadczeniem zdobywają wiedzę oraz roztropność, aż są w stanie okazać pokorę, kiedy wymaga tego sytuacja. Ludzie, których dogłębna duchowa wiara jest równa wierze ojców, dokładnie wiedzą, skąd wziął się Bóg oraz rozumieją jego opatrzność.

Kto zna pochodzenie Boga?

Ojcowie różnią się pod wieloma względami od młodych ludzi. Młodzi, nawet jeśli nauczyli się wiele są niedojrzali, ponieważ brakuje im doświadczenia. Z tego względu nie rozumieją wielu sytuacji ani wydarzeń, w przeciwieństwie do doświadczonych życiowo ojców, którzy w dużej mierze pojmują znaczenie tego, co dzieje się wokół nich.

Ojcowie rozumieją także, dlaczego rodzice pragną mieć dzieci, jak bolesne potrafi być macierzyństwo oraz jak wiele problemów przysparza wychowanie pociech. Znają swoją rodzinę: skąd pochodzą ich rodzice, jak się spotkali i gdzie się pobrali oraz znają wiele innych faktów na temat własnych korzeni.

Pewne koreańskie przysłowie brzmi: „Tylko ten, kto posiada własne dzieci jest w stanie naprawdę zrozumieć własnych rodziców." Podobnie tylko ludzie wyróżniający się wiarą ojców mogą w pełni zrozumieć Boga Ojca. W 1 list Jana 2,13 napisano o nich następujące słowa: *„Piszę do was, ojcowie, że poznaliście Tego, który jest od początku."*

Co więcej ci, którzy mają wiarę ojców stają się przykładem dla wielu osób, ponieważ są pokorni, a jednocześnie potrafią trwać przy prawdzie, pozostając jej wiernymi bez względu na okoliczności.

Gdybyśmy wiarę ojców porównali do zbioru plonów, to przy niej wiara młodzieńców byłaby niedojrzałym jeszcze ziarnem.

Porównanie to ma swoje korzenie w fakcie, że osoby, których wiara jest wiarą młodzieńców zazwyczaj twardo obstają przy swoich własnych poglądach i przekonaniach. Jednak tak, jak Jezus dał przykład służby, obmywając swym uczniom stopy, tak w przeciwieństwie do młodych, duchowi ojcowie swymi czynami działają na chwałę Bożą.

Serce podobne do serca Jezusa Chrystusa

Bóg pragnie, aby serca Jego dzieci jak najbardziej przypominały serce Boga, który jest początkiem oraz serce Jezusa Chrystusa, który uniżył się i był posłuszny aż do śmierci (Flp 2,5-8). Dlatego Pan wystawia swe dzieci na próby, poprzez które wzmacnia się ich cierpliwość, nadzieja i dojrzewa wiara, aż osiągnie wielkość wiary ojców.

W Ewangelii Łukasza 17 Jezus naucza apostołów za pomocą przypowieści o słudze. Ów sługa pracował na polu od rana aż do zachodu słońca, a kiedy wracał do domu nie było nikogo, kto podziękowałby mu i zaprosił do stołu na posiłek. Zamiast tego musiał przygotować kolację dla swego pana i czekać na niego; wówczas mógł posilić się samemu. Nawet wtedy nikt nie powiedział: „Dziękuję za twoją ciężką pracę", mimo że wykonał wszystko, co mu polecono. Tylko z ust sługi padały słowa: „Jestem nieużytecznym sługą; wykonałem to, co powinienem wykonać."

Powinniśmy postępować tak samo: być uniżonymi i posłusznymi ludźmi, którzy mówią: „Jestem nieużytecznym sługą; wykonałem tylko swoje obowiązki", nawet jeśli wykonaliśmy wszystko, co nakazał nam Bóg. Ludzie, którzy mają wiarę ojców dobrze znają wielkie serce Boga, tego który jest, a jednocześnie mają serce podobne do serca Jezusa Chrystusa, który uniżył się i był posłuszny aż do śmierci. Takie jednostki zyskują uznanie w oczach Boga, zasługują na Jego pochwałę i będą jaśnieć w niebie niczym słońce.

Podobnie jak ziarenko gorczycy wyrasta na duże drzewo, w którego konarach ptaki wiją gniazda, tak duchowa wiara wzrasta i osiąga kolejno stopień mały dzieci, dzieci, młodzieńców oraz ojców. Jakże wspaniałe jest to błogosławieństwo, kiedy poznajemy Tego, który jest; kiedy dysponujemy wiarą wystarczającą do zrozumienia Jego wielkości, jesteśmy w stanie wziąć pod swoje skrzydła wiele zagubionych dusz, tak jak niegdyś czynił to Jezus.

Modlę się w imieniu Pana naszego, Jezusa Chrystusa oraz błogosławię nam wszystkim, abyśmy mieli serca jak nasz Pan, pełne wspaniałomyślności i miłości; abyśmy posiedli wiarę ojców, wydawali wiele owoców oraz na wieki jaśnieli w niebie jak Słońce.

Rozdział 3

Miara wiary

1
Boża miara wiary
2
Miary wiary każdego człowieka
3
Wielkość wiary poddana próbie ognia

„Mocą bowiem łaski, jaka została mi dana,
mówię każdemu z was:
Niech nikt nie ma o sobie wyższego mniemania, niż należy,
lecz niech sądzi o sobie trzeźwo – według miary,
jaką Bóg każdemu w wierze wyznaczył."
(Rzym. 12,3)

Sprawiedliwy Bóg sprawia, że zbieramy to, co zasiejemy i wynagradza nas wedle naszych uczynków. W Ewangelii Mateusza 7,7 Jezus mówi: *„Proście, a będzie wam dane; szukajcie, a znajdziecie; kołaczcie, a otworzą wam. Albowiem każdy, kto prosi, otrzymuje; kto szuka, znajduje; a kołaczącemu otworzą."* Otrzymujemy błogosławieństwa oraz nasze modlitwy zostają wysłuchane, nie na mocy wiary opartej na rozumie, lecz na mocy wiary duchowej. Wiarę rozumową zdobywamy, kiedy słuchamy Słowa Bożego i uczymy się go, natomiast wiary duchowej nie zdobywamy, ale zostaje nam ona ofiarowana przez Boga.

Z tego powodu List do Rzymian 12,3 zawiera następujące upomnienie: *„Niech nikt nie ma o sobie wyższego mniemania, niż należy, lecz niech sądzi o sobie trzeźwo – według miary, jaką Bóg każdemu w wierze wyznaczył."* To znaczy, że Bóg nadaje każdemu z nas inną wiarę. Ponadto w 1 Liście do Koryntian 15,41 jest napisane: *„Inny jest blask słońca, a inny – księżyca i gwiazd. Jedna gwiazda różni się jasnością od drugiej"*, co oznacza, że miejsce zamieszkania w niebie oraz chwała, które otrzymamy w nagrodę, zależą od osiągniętego przez nas poziomu wiary.

1. Boża miara wiary

„Miara" to inaczej wielkość przyjęta za jednostkę porównawczą przy pomiarach wielkości tego samego rodzaju. Możemy mierzyć wagę, objętość, ilość lub rozmiar jakiegoś obiektu. Bóg wyznacza miarę wiary każdemu człowiekowi, a następnie, w zależności od wielkości jego wiary, odpowiada na jego prośby.

Ogólnie mówiąc, kiedy tylko w sercach ludzi, których wiara wedługi ich miary jest wielka, pojawią się prośby, to zostają one natychmiast wysłuchane, podczas gdy inni, aby osiągnąć ten sam efekt, muszą żarliwie modlić się i pościć. Istnieją także osoby o tak małej wierze, że spędzają bezskutecznie na modlitwach całe miesiące, a nawet lata. Gdybyśmy mogli „zarobić" wiarę duchową wtedy, kiedy jej potrzebujemy, wszyscy otrzymywaliby błogosławieństwa i na życzenie spełniałyby się prośby. Zamieszkiwany przez nas świat stałby się nieprzewidywalnym i chaotycznym miejscem.

Przypuśćmy, że istniałby człowiek, który nie żyłby według Słowa Bożego i poprosiłby Pana „Boże, proszę spraw abym został dyrektorem najlepiej rozwijającego się przedsiębiorstwa w tym kraju!" lub „Nienawidzę tego człowieka. Proszę ukaż go", a jego prośba i pragnienie zostałyby wysłuchane. Jak wyglądałby nasz świat?

Wiara duchowa, a posłuszeństwo

Jak możemy posiąść wiarę duchową? Bóg nie ofiaruje jej każdemu, ale tylko tym, którzy spełniają odpowiednie warunki, będąc posłuszni Jego Słowu. Tym samym możemy otrzymać wiarę duchową, równą wielkości odrzuconego przez nas fałszu, którym są nienawiść, kłótnie, zazdrość, cudzołóstwo i im podobne. Podobnie dzieje się również wtedy, gdy miłujemy własnych wrogów.

W Biblii Jezus chwali niektóre osoby słowami: „Twoja wiara jest wielka!", a innych strofuje mówiąc: „Człowieku małej wiary."

Na przykład Ewangelia Mateusza 15,21-28 opisuje wydarzenie, kiedy do Jezusa przychodzi kobieta kananejska i prosi Go, aby wygnał demona, który opętał jej córkę: *„ Ulituj się nade mną, Panie, Synu Dawida! Moja córka jest ciężko dręczona przez złego ducha"* (wers 22).

Jednak Jezus chce sprawdzić jej wiarę i odpowiada: *„„Jestem posłany tylko do owiec, które poginęły z domu Izraela"* (wers 24). Kobieta jednak upada przed nim i woła *„Panie, dopomóż mi!"* (wers 25), lecz Jezus ponownie odmawia mówiąc: *„Niedobrze jest zabrać chleb dzieciom a rzucić psom"* (wers 26). Powiedział tak, ponieważ w tamtych czasach poganie byli traktowani na równi z psami, a kobieta była poganką z okolic miasta Tyru.

W takiej chwili większość osób poczułaby się zawstydzona, obrażona lub zniechęciłaby się i ostatecznie zrezygnowała. Tymczasem kobieta nie była zawiedziona i przyjęła słowa Jezusa pokornie. Uniżyła się tak nisko jak nisko w hierarchii człowieka stoi pies i nieustępliwie błagała o łaskę: *„ Tak, Panie, lecz i szczenięta jedzą z okruszyn, które spadają ze stołów ich panów"* (wers 27). Wiara tej kobiety zadowoliła Jezusa, który odpowiedział: *„O niewiasto wielka jest twoja wiara; niech ci się stanie, jak chcesz! Od tej chwili jej córka była zdrowa"* (wers 28).

Z kolei w Ewangelii Mateusza 17,14-20 widzimy Jezusa wypominającego swym uczniom ich małą wiarę. Pewien człowiek przyprowadził do apostołów swojego syna, epileptyka, jednak nie byli oni w stanie go wyleczyć, dlatego udał się on wraz z dzieckiem wprost do Jezusa, a ten natychmiast wypędził z chłopca demony i uzdrowił go. Wtedy uczniowie zbliżyli się do Jezusa pytali: „*Dlaczego my nie mogliśmy go wypędzić?*" (wers 19). On im odpowiedział: „*Z powodu małej wiary waszej*" (wers 20).

Jak podaje Ewangelia Mateusza 14,22-33, Jezus upomniał także Piotra. Stało się to pewnej nocy, kiedy wszyscy apostołowie siedzieli w łodzi, na środku wzburzonego jeziora, a Jezus przyszedł do nich, krocząc po wodzie. Gdy uczniowie ujrzeli Go po raz pierwszy, zlękli się i krzyknęli myśląc, że to zjawa (wers 26). Wtedy Jezus przemówił do nich: „*Odwagi! Ja jestem, nie bójcie się!*" (wers 27)

Na to odezwał się Piotr: „*Panie, jeśli to Ty jesteś, każ mi przyjść do siebie po wodzie!*" (wers 28) A On rzekł: „Przyjdź!" Piotr wyszedł z łodzi i krocząc po wodzie, przyszedł do Jezusa. Lecz na widok silnego wiatru, zląkł się i gdy zaczął tonąć, krzyknął: „*Panie, ratuj mnie!*" (wers 30) Jezus natychmiast wyciągnął rękę i chwycił go mówiąc: „*Czemu zwątpiłeś, małej wiary?*" (wers 31)

W owym czasie Piotr został zganiony za swą małą wiarę, ale kiedy później zstąpił na niego Duch Święty i otrzymał moc Bożą, czynił niezliczone cuda na chwałę Pana. Ostatecznie posiadł olbrzymią wiarę. Zmarł ukrzyżowany głową w dół, jednak do samego końca służył Bogu.

2. Miary wiary każdego człowieka

W Biblii istnieje wiele przypowieści wyjaśniających miarę wiary. W 1 Liście Jana 2 miara wiary porównana jest do kolejnych etapów rozwoju człowieka, z kolei w Księdze Ezechiela 47,3-5 wyjaśnienie opiera się na porównaniu do głębokości wody:

„Potem poprowadził mnie ów mąż w kierunku wschodnim; miał on w ręku pręt mierniczy, odmierzył tysiąc łokci i kazał mi przejść przez wodę; woda sięgała aż do kostek. Następnie znów odmierzył tysiąc [łokci] i kazał mi przejść przez wodę: sięgała aż do kolan; i znów odmierzył tysiąc [łokci] i kazał mi przejść: sięgała aż do bioder; i znów odmierzył jeszcze tysiąc [łokci]: był tam już potok, przez który nie mogłem przejść, gdyż woda była za głęboka, była to woda do pływania, rzeka, przez którą nie można było przejść."

Księga Ezechiela jest jedną z pięciu ksiąg prorockich Starego Testamentu. Bóg nakazał prorokowi Ezechielowi spisać wszystkie przepowiednie od czasu zniszczenia przez Babilon Południowego Królestwa Judy, podczas którego wielu Żydów zostało wziętych do niewoli. W Księdze Ezechiela 40 opisana jest świątynia, którą prorok ujrzał podczas jednego z widzeń.

Dalej, w Księdze Ezechiela 47, prorok przedstawia wizję, w której woda wypływa z progu świątyni w kierunku wschodnim. Wypływa ona spod południowej części świątyni, wychodzi na południe od ołtarza, następnie przepływa przez północną bramę i płynie dalej, aż do bramy wychodzącej na wschód.

W widzeniu „woda" symbolizuje Słowo Boże (Jn 4,14), natomiast fakt, że opływa ona świątynię, a następnie wypływa z niej oznacza, że Słowo Boże głoszone jest nie tylko w świątyni, ale i na świecie.

Co ma na myśli Ezechiel, pisząc „mąż odmierzył tysiąc łokci" (47,3), prowadząc mnie w kierunku wschodnim, a w ręku trzymał pręt mierniczy? Ten obraz symbolizuje Boga mierzącego w dzień Sądu wiarę każdego człowieka, osądzanego dokładnie według wyznaczonej mu miary.

„Mąż, który w ręku ma pręt mierniczy" odnosi się do sługi Bożego, natomiast „pręt mierniczy" świadczy o tym, że Bóg mierzy wiarę każdego dokładnie, bez najmniejszego błędu. W przenośni zmiana głębokości wody odnosi się do różnych poziomów wiary.

Według poziomu wody

„Woda sięgająca do kostek" symbolizuje wiarę mały dzieci, minimum konieczne do zbawienia. Kiedy wielkość wiary wyznacza się za pomocą wysokości człowieka, to ten poziom sięga do jego kostek. „Woda sięgająca do kolan" odnosi się do wiary dzieci, a woda „sięgająca do bioder" do wiary młodzieńców. W końcu „woda głęboka do pływania" symbolizuje wiarę ojców. W ten sposób, w dniu Sądu Ostatecznego zostanie zmierzona wiara każdego człowieka, a na podstawie pomiaru Pan przyporządkuje nam miejsce w niebie. Określane będzie ono na podstawie tego, jak każdy z nas żyje według Słowa Bożego tu na Ziemi.

„Odmierzył tysiąc łokci" wskazuje na ogromne serce Boga, który mierzy bez najmniejszego błędu i bierze wszystko pod uwagę. Pan mierzy wiarę nie tylko z jednej perspektywy, a z wielu. Przypatruje się i bada wszystkie nasze uczynki oraz serce tak dokładnie, że nikt nie poczuje się niesprawiedliwie osądzony.

Bóg swym ognistym wzrokiem przygląda się wszystkiemu i sprawia, że każdy zbiera to, co zasiał, otrzymując nagrodę za swe uczynki. Dlatego w Liście do Rzymian 12,3 jest napisane: *„Mocą bowiem łaski, jaka została mi dana, mówię każdemu z was: Niech nikt nie ma o sobie wyższego mniemania, niż należy, lecz niech sądzi o sobie trzeźwo – według miary, jaką Bóg każdemu w wierze wyznaczył."*

Myśleć rozsądnie, zgodnie z wielkością wiary

Brodzenie w wodzie po kostki daje inne odczucia i jest czymś innym od chodzenia w wodzie sięgającej bioder. Kiedy jesteśmy w wodzie sięgającej kostek, możemy tylko pomyśleć o przejściu lub przebiegnięciu z jednego miejsca na drugie, ponieważ nie możemy pływać. Jednak kiedy woda sięga nam bioder, będziemy skłaniali się bardziej ku pływaniu niż chodzeniu.

Tak jak różnią się myśli ludzi znajdujących się w wodzie o różnej głębokości, tak też osoby mające wiarę dzieci myślą inaczej od tych, którzy posiadają wiarę ojców. Dlatego też należy myśleć rozsądnie w granicach, jakie wyznacza nam nasza wielkość wiary.

Bóg, uznając wielką wiarę Abrahama, nagrodził go synem, Izaakiem. Pewnego dnia Pan przykazał Abrahamowi złożyć Izaaka w ofierze całopalnej. Co Abraham sądził o nakazie Boga? Czy nigdy nie pomyślał w bólu: „Dlaczego Bóg kazał mi ofiarować Izaaka w ofierze całopalnej, skoro wcześniej dał mi go, jako spełnienie przyrzeczenia? Czy Bóg nie dotrzymuje swoich obietnic?"

List do Hebrajczyków 11 przedstawia nam jednak Abrahama trzeźwo myślącego o nakazie Boga: *„Bóg nigdy nie kłamie, więc wskrzesi mego syna z umarłych."* Abraham nie uważał się za kogoś, kim nie był, lecz myślał o sobie zgodnie z wielkością wiary, którą wyznaczył mu Bóg.

Nie skarżył się ani nie narzekał. Zachował pokorne serce i był posłuszny Bogu. W konsekwencji Bóg pokochał go jeszcze bardziej, ofiarował mu o wiele więcej, a sam Abraham stał się praojcem wiary.

Musimy zrozumieć, że dopiero poddany ciężkiej próbie Abraham został ogłoszony tym, który posiadł duchową wiarę i mógł prowadzić innych ku wielu błogosławieństwom. My także możemy otrzymać miłość Bożą i wiele darów od Pana, jeśli tylko dzięki rozsądnemu myśleniu w granicach wyznaczanych nam naszą wiarą, przejdziemy ogniste próby.

Miara wiary 53

3. Wielkość wiary poddana próbie ognia

W 1 Liście do Koryntian jest napisane, że Bóg poddaje wiarę każdego z nas próbie ognia i mierzy dzieła, które jej się oparły:

„*I tak jak ktoś na tym fundamencie buduje: ze złota, ze srebra, z drogich kamieni, z drzewa, z trawy lub ze słomy, tak też jawne się stanie dzieło każdego: odsłoni je dzień /Pański/; okaże się bowiem w ogniu, który je wypróbuje, jakie jest. Ten, którego dzieło wzniesione na fundamencie przetrwa, otrzyma zapłatę; ten zaś, którego dzieło spłonie, poniesie szkodę: sam wprawdzie ocaleje, lecz tak jakby przez ogień.*"

Pojawiający się w tym fragmencie „fundament" odnosi się do Jezusa Chrystusa, a słowo „dzieła" oznacza to, co zostało wykonane wysiłkiem, w który włożono całe serce. Jeśli osoba wierzy w Jezusa Chrystusa, to jej dzieła staną się jawne, „ponieważ odsłoni je dzień."

Kiedy dzieła staną się jawne?

Po pierwsze, dzieła każdego człowieka staną się jawne, kiedy wypełni on już swoje obowiązki. Jeśli jego obowiązki przydzielane są corocznie, jego dzieła staną się jawne pod koniec roku.

Po drugie, Bóg wypróbowuje dzieła każdego człowieka za pomocą ognia. Wtedy część ludzi jest w stanie zachować niezmącony niczym spokój, nawet w obliczu najstraszniejszych prób i trudności takich jak ogień, podczas gdy inni nie są w stanie ich przejść.

Ostatecznie, Pan podda próbie dzieła każdego człowieka w dniu Sądu, który nastąpi w chwili ponownego przyjścia na świat Jezusa Chrystusa. Zmierzy on świętość oraz wiarę każdego człowieka, przypisze miejsce zamieszkania w niebie i sprawiedliwie wynagrodzi.

Dzieło, które przetrwa próbę ognia

Przeczytajmy ponownie fragment 1 Listu do Koryntian 3,12-13: „*I tak jak ktoś na tym fundamencie buduje: ze złota, ze srebra, z drogich kamieni, z drzewa, z trawy lub ze słomy, tak też jawne się stanie dzieło każdego: odsłoni je dzień /Pański/; okaże się bowiem w ogniu, który je wypróbuje, jakie jest."*

Mówi on, że podczas Bożej próby ognia dzieła każdego człowieka okazują się być wiarą ze złota, srebra, drogich kamieni, z drzewa, z trawy lub ze słomy. Po zakończeniu sprawdzianu osoby, mające wiarę ze złota, srebra, drogich kamieniu, z drewna lub z trawy, dostąpią zbawienia. Nie stanie się tak z ludźmi, których wiara jest ze słomy; ci nie mogą zostać ocaleni, ponieważ ich dusze nie różnią się od dusz martwych.

Ponadto tak jak złoto, srebro i drogie kamienie nie palą się w ogniu, tak osobom o wierze ze złota, ze srebra, lub z drogich kamieni o wiele łatwiej przejść jest przez próby ognia, podczas gdy osoby, których wiara jest z trawy napotkają wiele trudności w czasie tych niełatwych sprawdzianów.

Cechy złota, srebra oraz drogich kamieni

Złoto jest kowalne, plastyczne, żółte i głównie służy do wytapiania monet, biżuterii, ozdabiania akcesoriów oraz artystycznych rękodzieł. Od niepamiętnych czasów uznawane jest za najbardziej wartościowy metal. Zachowuje olśniewający połysk przez niesłychanie długi czas, ponieważ pomiędzy nim a innymi substancjami nie zachodzi żadna reakcja chemiczna.

Z tego względu, złoto uważane jest za najwartościowsze, ponieważ jego właściwości pozostają niezmienne, jest wykorzystywane w wielu celach oraz jest na tyle plastyczne, by przybrać rozmaite kształty.

Srebro jest powszechnie używane podczas wytwarzania monet, rozmaitych akcesoriów oraz wykorzystuje się je w wielu branżach przemysłowych, ponieważ stoi na drugim miejscu pod względem kowalności i plastyczności. Bardzo dobrze przewodzi ciepło. Srebro jest lżejsze od złota, ustępuje mu także pod względem piękna i połysku.

Drogie kamienie takie jak diamenty, szafiry, szmaragdy, emanują przepięknymi kolorami i jasnością, jednak nie są wykorzystywane w tak wielu dziedzinach jak złoto czy srebro. Tracą także na wartości, gdy pękną lub zostaną zadrapane.

Bóg ocenia wiarę każdego człowieka jako wiarę ze złota, ze srebra, drogich kamieni, z drzewa, z trawy lub ze słomy na podstawie pozostałości po próbie ognia. Spośród nich wszystkich wiarę ze złota ceni najbardziej.

Wiara ze złota

Ludźmi, których wiara jest ze złota, nie jest w stanie wstrząsnąć najstraszliwsza próba ognia. Wiara ze srebra nie jest już tak silna, ale nadal przewyższa wiarę drogich kamieni, które w ogniu są dużo bardziej podatne na uszkodzenie. Z drugiej strony, osoby o wierze z drewna lub ze słomy, których dzieła płoną w ogniu Bożym, mogą ledwie dostąpić zbawienia i nie otrzymują żadnych nagród w niebie. Bóg nagradza wszystkich na podstawie ich uczynków, ponieważ jest sprawiedliwy i prawy. Dlatego przyjmuje ludzi o niezmiennej jak złoto wierze i sowicie błogosławi im zarówno w niebie, jak i na Ziemi.

Poświęcając całe życie krzewieniu chrześcijaństwa wśród pogan, apostoł Paweł głosił ewangelię z niezmiennym zapałem i uczestniczył w wyścigu ku coraz silniejszej wierze do samego końca, mimo że od czasu pierwszego spotkania z Panem musiał stawić czoła wielu próbom i dużo w życiu cierpiał.

W Dziejach Apostolskich 16,25 jest napisane: *„O północy Paweł i Sylas modlili się, śpiewając hymny Bogu. A więźniowie im się przysłuchiwali."* Za przekazywanie Ewangelii Paweł i Sylas zostali brutalnie wychłostani i wrzuceni do więzienia, gdzie stopy zakuto im w dyby. Jednak nnie narzekali na swój los i nadal śpiewali hymny Bogu.

Paweł do śmierci nie wyparł się Pana, ani z jego ust nigdy nie padło słowo skargi. Zawsze zachowywał radość i wdzięczność, a jego serce przepełniała nadzieja, mająca swe źródło w niebie. Pozostał wierny dziełom Bożym do ostatniego tchnienia.

Jeśli mamy wiarę ze złota, podobną do posiadanej przez apostoła Pawła, to tak jak on zamieszkamy w chwalebnym, bijącym blaskiem jak słońce miejscu w niebie, a Bóg obdaruje nas swą wspaniałą miłością, ponieważ nasze dzieła oprą się wszelkim próbom ognia.

Wiara z drzewa i wiara z trawy

Ludzie o wierze ze srebra sumiennie wypełniają swoje obowiązki, choć ich wiara jest słabsza od wiary ze złota. A czym jest wiara z drogich kamieni? Osoby posiadające tę wiarę, zazwyczaj po tym jak ich serca zostaną wyleczone z choroby lub wypełni je Duch Święty, oznajmiają: „Dochowam wierności Panu! Będę głosić ewangelię z całego serca", a kiedy ich modlitwy zostają wysłuchane mówią: „Od teraz będę żyć tylko dla Boga." Na zewnątrz sprawiają wrażenie jakby posiadały wiarę ze złota, jednak w czasie próby ognia kuleją lub zbaczają ze swojej drogi, ponieważ ich wiara nie jest tak silna. Wydaje się, że kiedy Duch Święty wypełnia ich serca, to cechuje ich wielka wiara, lecz prawda jest inna. Szybko oddalają się od wiary, zaś na końcu ich serca rozpadają się na kawałki, zupełnie jakby nie było w nich wiary.

Innymi słowy piękno wiary z drogich kamieni szybko przemija. Jednak jej dzieła są w stanie przetrwać próby ognia, tak jak w ogniu przetrwa kształt klejnotów lub drogocennych kamieni.

Zupełnie inaczej zachowuje się wiara z drzewa lub z trawy, z której po próbie ognia pozostają jedynie popioły. W 1 Liście do Koryntian 3,14 jest napisane: *„Ten, którego dzieło wzniesione na fundamencie przetrwa, otrzyma zapłatę; ten zaś, którego dzieło spłonie, poniesie szkodę: sam wprawdzie ocaleje, lecz* *tak jakby przez ogień."*

Prawdą jest, że osoby, które mają wiarę ze złota, srebra, lub drogich kamieni będą zbawione i otrzymają zapłatę w niebie, ponieważ dzieła ich wiary są w stanie przejść Bożą próbę ognia. Natomiast dzieła ludzi, których wiara jest z drzewa lub trawy palą się, nie pozostawiając po sobie niczego wartościowego. Ludzie Ci wprawdzie zostają zbawieni, jednak nie otrzymują żadnej nagrody w niebie.

Bóg z radością przyjmuje naszą wiarę i wynagradza nas obficie, kiedy szczerze Go szukamy. W Liście do Hebrajczyków 11,6 jest napisane: *„Bez wiary zaś nie można podobać się Bogu. Przystępujący bowiem do Boga musi uwierzyć, że [Bóg] jest i że wynagradza tych, którzy Go szukają..."*

Pan sprawdza wiarę każdego za pomocą próby ognia. Tym, którzy posiadają wiarę niezmienną, ze złota, błogosławi zarówno w niebie, jak i na Ziemi.

Dlatego musimy zrozumieć, że Bóg w różnym stopniu odpowiada na nasze wołania. Zależnie od siły wiary, każdemu z nas udziela błogosławieństw, nagradza i przydziela miejsce w niebie.

Modlę się w imieniu Pana naszego, Jezusa Chrystusa, abyśmy ku radości Boga nieustannie dążyli do wykształtowania wiary ze złota, a co za tym idzie, otrzymywali błogosławieństwa na ziemi i zamieszkali w najpiękniejszym możliwym miejscu w niebie.

Rozdział 4

Wiara konieczna do zbawienia

1
Pierwszy stopień wiary

2
Czy otrzymaliśmy Ducha Świętego?

3
Wiara skruszonego złoczyńcy

4
Nie należy tłumić Ducha Świętego

5
Czy Adam został zbawiony?

„Nawróćcie się,
powiedział do nich Piotr,
i niech każdy z was ochrzci się w imię Jezusa Chrystusa
na odpuszczenie grzechów waszych,
a weźmiecie w darze Ducha Świętego.
Bo dla was jest obietnica i dla dzieci waszych,
i dla wszystkich, którzy są daleko,
a których powoła Pan Bóg nasz."
(Dz 2,38-39)

W poprzednim rozdziale dowiedzieliśmy się, że Bóg uznaje wiarę duchową popartą uczynkami; że każdy z nas posiada typową tylko dla siebie miarę duchowej wiary, oraz że wiara wzrasta wraz ze stopniem posłuszeństwa wobec Słowa Bożego.

Wielkość wiary dzieli się na pięć kategorii-stopni: wiarę ze złota, ze srebra, z drogich kamieni, z drzewa i z trawy. Tak, jak po drabinie wchodzi się po jednym stopniu na górę, tak też w miarę słuchania Słowa Bożego i bycia posłusznym Bogu, wkraczamy na coraz wyższe poziomy wiary, od wiary z trawy do wiary zrobionej ze złota.

Do nieba możemy dostać się tylko na mocy wiary. Żeby mocno uchwycić się szczebli prowadzących do królestwa niebieskiego i się wspinać, musimy wzmacniać naszą wiarę krok po kroku. Im więcej zyskujemy wiary ze złota, tym bardziej przywracamy utracony obraz Boga w nas samych, Pan spogląda na nas bardziej przychylnie i zyskujemy Jego łaskę, a ostatecznie osiągamy cel naszej podróży, którym jest Nowe Jeruzalem, gdzie znajduje się tron Boży. Kiedy posiadamy wiarę ze złota, Bóg jest z nas zadowolony, towarzyszy nam, reaguje na wołania naszego serca i błogosławi, abyśmy mogli czynić cudowne znaki.

Dlatego mam nadzieję, że każdy z nas będzie mierzył swą wiarę i starał się ją rozwijać, aż osiągnie doskonałość.

1. Pierwszy stopień wiary

Zanim otrzymaliśmy Jezusa Chrystusa byliśmy, ze względu na nasze życie w grzechu, skazanymi na piekło dziećmi szatana. Temat ten porusza fragment 1 Listu Jana 3,8: „*Kto grzeszy, jest dzieckiem diabła, ponieważ diabeł trwa w grzechu od początku. Syn Boży objawił się po to, aby zniszczyć dzieła diabła.*" Bez względu na to, jakbyśmy dobrotliwie i niewinnie wyglądali, okaże się, że żyjemy w ciemności, ponieważ ukryta głęboko w nas nikczemność zostanie ujawniona w chwili, gdy padnie na nas snop doskonałego Bożego światła prawdy.

Niegdyś uważałem się za dobrego i szlachetnego człowieka, który równie dobrze może obejść się bez ograniczających go praw. Jednak kiedy przyjąłem Pana do serca i spojrzałem w lustro prawdy, ujrzałem swoją nikczemność. Sposób w jaki się zachowywałem, to co mówiłem i czego słuchałem oraz to, co myślałem, było przeciwne Jego Słowu.

W Księdze Joba 1,8 Bóg mówi do szatana: „*A zwróciłeś uwagę na sługę mego, Hioba? Bo nie ma na całej ziemi drugiego, kto by tak był prawy, sprawiedliwy, bogobojny i unikający grzechu jak on.*" Lecz ten sam Hiob, który miał być nieskazitelnym i zacnym człowiekiem, przechodząc przez ciężkie próby lamentował, skarżył się i jęczał.

Zawodził: „*I dziś ma skarga jest gorzka, bo ręką swą ból mi zadaje*" (Joba 23,2) oraz „*Na życie Boga, co nie dał mi prawa, na Wszechmocnego, co poi goryczą*" (Joba 27,2).

Poddany próbom zagrażającym jego życiu, Hiob zaczął pokazywać tkwiące w nim zło i nikczemność, mimo że był wychwalany jako „prawy i sprawiedliwy." Kto zatem śmie

Wiara konieczna do zbawienia 63

twierdzić, że jest bez grzechu w oczach Boga, który sam w sobie jest światłem bez ciemności?

W oczach Boga wszelkie pozostałości grzechu, takie jak nienawiść, zazdrość, a także złe uczynki jak przemoc, kłótnie, drobne kradzieże, postrzegane są jako grzech. O tym Bóg mówi w 1 Liście Jana 1,8: *„Jeśli mówimy, że nie mamy grzechu, to samych siebie oszukujemy i nie ma w nas prawdy."*

Przyjąć Jezusa Chrystusa

Bóg miłosierny zesłał na Ziemię swojego jedynego syna Jezusa, aby odkupił nasze grzechy. Za nas Syn Boży został ukrzyżowany i przelano Jego niewinną krew. Został ukarany za nasze występki. Jednak po trzech dniach, pokonał śmierć, zmartwychwstał i czterdzieści dni po tym wydarzeniu, na oczach apostołów, wstąpił do nieba obiecując swoje ponowne przyjście i zabranie nas wszystkich do królestwa niebieskiego (Dz 1).

W chwili kiedy przyjmiemy Jezusa Chrystusa i uznamy Go w naszym sercu za Zbawiciela, otrzymamy w podarunku Ducha Świętego i staniemy się dziećmi Bożymi, jak obiecano nam w Ewangelii Jana 1,12: *„Wszystkim tym jednak, którzy Je (Słowo) przyjęli, dało moc, aby się stali dziećmi Bożymi, tym, którzy wierzą w imię Jego."*

Prawo, aby stać się dzieckiem Bożym

Gdy na świat przychodzi dziecko, jego rodzice zawiadamiają o narodzinach odpowiednie władze i rejestrują imię swojego potomka. W ten sam sposób, kiedy rodzimy się ponownie jako dzieci Boże, nasze imię wpisywane jest również w niebie do księgi żywota, a my uzyskujemy obywatelstwo niebieskie. Kiedy poprzez przyjęcie Jezusa Chrystusa osiągamy pierwszy poziom wiary, to stajemy się dziećmi Bożymi, którym odpuszczone zostają grzechy (1 Jan. 2,12) i możemy wołać do Boga „Ojcze" (Gal. 4,6). Choć nie znamy jeszcze zawartej w Słowie Bożym prawdy, to wypełnia nas radość z faktu otrzymania Ducha Świętego, natomiast kiedy obserwujemy otoczenie, wyczuwamy obecność Boga.

Z tego powodu pierwszy stopień wiary nazywany jest „wiarą konieczną do zbawienia" lub „wiarą konieczną do otrzymania Ducha Świętego" i odpowiada wierze małych dzieci, bądź wspomnianej w poprzednim rozdziale trawie.

2. Czy otrzymaliśmy Ducha Świętego?

W Dziejach Apostolskich 19,1-2 Paweł, apostoł pogan, który poświęcił swe życie głoszeniu Ewangelii, spotkał w Efezie uczniów i zapytał ich: *„Czy otrzymaliście Ducha Świętego, gdy przyjęliście wiarę?"* Na co oni odpowiedzieli: „Nawet nie słyszeliśmy, że istnieje Duch Święty." Powiedzieli tak, ponieważ otrzymali od Jana Chrzciciela chrzest w wodzie, który jest chrztem pokuty, ale nie był to pochodzący od Boga chrzest Duchem Świętym.

Choć spełniła się obietnica dana przez Boga w Księdze Joela 2,28 i w Dziejach Apostolskich 2,17, mówiąca o wylaniu na wszystkich ludzi Ducha Świętego w dni ostateczne, którzy przepełnieni Nim założyli kościół, to jednak jest wielu ludzi, wyznających wiarę w Boga jak uczniowie z Efezu. Żyją, nie wiedząc, czym jest Duch Święty ani jaki chrzest otrzymali. Jeśli przyjmując Jezusa Chrystusa do serca, otrzymaliśmy prawo, aby stać się dzieckiem Bożym, to Pan zsyła na nas Ducha Świętego, który ostatecznie przypieczętowuje to prawo. Dlatego jeśli nie znamy Ducha Świętego, to nie możemy uznawać się za dzieci Boże ani być tak nazywanymi. W 2 Liście do Koryntów 1,21-22 jest napisane: „*Tym zaś, który umacnia nas wespół z wami w Chrystusie, i który nas namaścił, jest Bóg. On też wycisnął na nas pieczęć i zostawił zadatek Ducha w sercach naszych.*"

Otrzymać Ducha Świętego

Dzieje Apostolskie 2,38-39 szczegółowo objaśniają jak możemy otrzymać Ducha Świętego: „*Nawróćcie się (...) i niech każdy z was ochrzci się w imię Jezusa Chrystusa na odpuszczenie grzechów waszych, a weźmiecie w darze Ducha Świętego. Bo dla was jest obietnica i dla dzieci waszych, i dla wszystkich, którzy są daleko, a których powoła Pan Bóg nasz.*"

Każdemu, kto wyzna swe winy, szczerze okaże skruchę, a także uwierzy w Jezusa Zbawiciela, odpuszczone zostaną grzechy i otrzyma dar Ducha Świętego.

Na przykład w Dziejach Apostolskich 10 pojawia się postać poganina imieniem Korneliusz z Cezarei. Pewnego razu przyszedł do niego apostoł Piotr i opowiedzia o Jezusie Chrystusie jemu oraz jego rodzinie. Kiedy Piotr głosił ewangelię, Duch Święty zstąpił na nich i otrzymali dar mówienia w wielu językach.

Ci, którzy poprzez przyjęcie Jezusa Chrystusa i uznanie Go za Zbawiciela otrzymają Ducha Świętego, osiągnęli pierwszy stopień wiary. Osoby te zostaną zbawione i nic ponadto, ponieważ nie odrzuciły grzechów walcząc z nimi, nie spełniły obowiązków przykazanych przez Boga, ani nie uczyniły niczego na Jego chwałę.

Złoczyńca, który zawisł na krzyżu po jednej ze stron Jezusa, uznał Go za Zbawiciela, więc jego wiara również osiągnęła pierwszy stopień wielkości.

3. Wiara skruszonego złoczyńcy

Ewangelia Łukasza 23 opisuje historię dwóch złoczyńców, którzy w dniu ukrzyżowania zawisnęli na krzyżach obok Jezusa. Gdy pierwszy z nich zaczął wyśmiewać Syna Bożego, drugi zganił go, wyraził skruchę za swe grzechy i uznał Syna Bożego za swego Zbawiciela mówiąc: „*Jezu, wspomnij na mnie, gdy przyjdziesz do swego królestwa*", na co Jezus mu odpowiedział: „*Zaprawdę, powiadam ci: Dziś ze Mną będziesz w raju*" (wersy 42-43).

Raj obiecany złoczyńcy przez Jezusa znajduje się na obrzeżach nieba. Na wieki mieszkają tam ludzie, których wiara osiągnęła pierwszy poziom. Zbawione dusze w raju nie otrzymują żadnej nagrody. Złoczyńca, aby mieć czyste sumienie, wyznał grzechy i zostały mu one odpuszczone, ponieważ uznał Jezusa za Zbawiciela.

Jednak podczas życia na ziemi nie zrobił niczego na chwałę Pana. To dlatego otrzymał obietnicę wstąpienia do raju, gdzie nie ma dla niego żadnej nagrody. Taki sam los czeka wszystkie osoby, których wiara po przyjęciu Jezusa Chrystusa i otrzymaniu Ducha Świętego pozostaje tak mała jak ziarenko gorczycy.

Zwróćmy także uwagę na fakt, że nie tylko nowo wierzący lub początkujący w wierze znajdują się na pierwszym poziomie wiary. Nawet gdybyśmy przez długi czas wiedli chrześcijańskie życie, choćby w roli prezbitera lub diakona, to otrzymane zbawienie będzie pożałowania godne, jeśli poddane próbie ognia nasze dzieła obrócą się w proch.

Dlatego po przyjęciu Ducha Świętego, módlmy się i starajmy żyć według Słowa Bożego, ponieważ jeśli nadal będziemy grzeszyć, nasze imię zostanie wymazane z księgi żywota, a bramy nieba pozostaną dla nas zamknięte.

4. Nie należy tłumić Ducha Świętego

Są osoby, które niegdyś pełne wiary, zaczęły z różnych powodów stopniowo tracić swój zapał. Ludzie ci dostąpią zbawienia, jednak pozbawiają się nagród w niebie.

Pewien kapłan wiernie działał na wielu polach mojego kościoła, więc jego wiara z zewnątrz wydawała się olbrzymia. Jednak pewnego dnia zachorował na tyle poważnie, że z powodu wycieńczenia organizmu, nie był w stanie wydusić z siebie słowa. Wtedy poprosił mnie o modlitwę za niego.

Jednak zamiast modlić się o uleczenie, modliłem się o jego zbawienie, ponieważ w tym czasie jego dusza drżała z obawy przed walką pomiędzy pragnącymi zabrać jego duszę do nieba aniołami, a złymi duchami, które chciały porwać go do piekła.

Gdyby posiadał wystarczająco dużo wiary, aby zostać zbawionym, złe duchy nawet nie zbliżyłyby się do niego. Natychmiast zacząłem się modlić o wypędzenie demonów i zwróciłem się do Boga, aby zechciał przyjąć tego człowieka. Zaraz po modlitwie, kapłan odczuł wyraźną ulgę i rozpłakał się. Okazał skruchę tuż przed śmiercią i wraz z ostatnim tchem został zbawiony.

Kilka lat wcześniej ten sam człowiek wyzdrowiał po mojej modlitwie. Poprzez tę samą modlitwę powróciły siły także jego żonie, choć śmierć miała ją już w objęciach. Słuchając Słowa Bożego, jego rodzina, mimo że miała wiele problemów, była szczęśliwa. Od tamtego czasu nie ustawał w wysiłkach i należycie wykonywał obowiązki, będąc wiernym sługą Boga.

Jednak kiedy kościół przechodził próbę, zamiast starać się go chronić, dopuścił, aby jego myślami zawładnął szatan. Słowa, które padły z jego ust, stały się cegłami tworzącymi potężny mur między nim, a Bogiem. W końcu Bóg opuścił go i dopuścił do ciężkiej choroby.

Jako sługa Boży nie powinien był oglądać ani słuchać czegokolwiek, co było przeciwko prawdzie i Bożej woli. Jednak on nie tylko słuchał, ale i przekazywał zasłyszane wieści dalej. Bóg mógł odwrócić się od tego człowieka, ponieważ on odwrócił się od łaski Bożej, która wcześniej wyleczyła go z poważnej choroby. Jego nagrody przepadły, a on sam nie miał już sił na modlitwę. Jego wiara upadła tak nisko, że nawet nie mógł być pewien swojego zbawienia.

Na szczęście Bóg pamiętał o zasługach na rzecz kościoła, przez co ów człowiek, po tym jak Bóg udzielił mu łaski odpuszczenia popełnionych grzechów, mógł dostąpić godnego litości zbawienia.

Dlatego musimy zdawać sobie sprawę, że dla Boga ważniejsze jest nastawienie naszego serca wobec Niego i działanie zgodne z Jego wolą niż liczba lat wyznawania wiary. Jeśli regularnie uczęszczamy do kościoła, ale działamy wbrew Słowu Bożemu, to budujemy mur z grzechu, a Duch Święty w nas zanika. Wtedy tracimy naszą wiarę, która staje się mała jak ziarnko gorczycy (1 Tes 5,19) i nie możemy dostąpić zbawienia.

W Liście do Hebrajczyków 10,38 Bóg mówi: „*A mój sprawiedliwy z wiary żyć będzie, jeśli się cofnie, nie upodoba sobie dusza moja w nim.*" Jakie to byłoby nieszczęście, gdybyśmy przez lata dojrzewali w wierze duchowej tylko po to, by pod koniec zwrócić się ku światu! Musimy cały czas czuwać, aby nie paść ofiarą pokusy i nie pozwolić naszej wierze zatracić się.

5. Czy Adam został zbawiony?

Wielu ludzi zastanawia się, co działo się z Adamem i Ewą, po tym jak spożyli owoc z drzewa poznania dobra i zła. Czy mogli dostąpić zbawienia, skoro z powodu nieposłuszeństwa zostali przeklęci i wyrzuceni z ogrodu Eden?

Przyjrzyjmy się bliżej wydarzeniom, podczas których pierwszy człowiek – Adam – złamał zakaz Boży. Wszystko zaczęło się, kiedy po stworzeniu nieba i ziemi Stwórca uformował człowieka. Stworzył go na swój obraz i podobieństwo. Kiedy tchnął w niego tchnienie życia, ten stał się istotą żyjącą. Następnie w części wschodniej Edenu Bóg stworzył Ogród Eden, dokąd poprowadził Adama.

Ogród Eden obfitował we wszystko oraz był najpiękniejszym miejscem na Ziemi – jedynym w swoim rodzaju. Mieszkając w nim, Adam nie miał żadnych pragnień, mógł żyć wiecznie i posiadał władzę nad wszystkimi stworzeniami. Co więcej, Bóg stworzył dla niego towarzyszkę i błogosławił im, aby byli płodni, rozmnażali się i czynili sobie ziemię poddaną. Tak oto Bóg pobłogosławił pierwszemu człowiekowi o imieniu Adam, aby ten żył w najlepszych warunkach i niczego mu nie brakowało.

Jednak istniała jedna rzecz, której Bóg zabronił: *„Z drzewa poznania dobra i zła nie wolno ci jeść, bo gdy z niego spożyjesz, niechybnie umrzesz"* (Rdz 2,17). Prawo to jest jednocześnie symbolem absolutnej władzy Bożej oraz wskazuje na pewien porządek, jaki Pan ustalił między sobą i człowiekiem.

Po pewnym czasie Adam i Ewa zlekceważyli zakaz Boga i ulegli namowom szatana. Spożyli owoc z zakazanego drzewa. Zgrzeszyli i w konsekwencji ich dusza zmarła, a oni sami stali się cieleśni i skażeni grzechem.

Musieli zostać wypędzeni z ogrodu Eden i żyć na ziemi, cierpiąc z powodu chorób, smutku i bólu, zaś gdy ich życie dobiegło końca, umarli zgodnie z ostrzeżeniem Bożym: „niechybnie umrzesz."

Czy Adam i Ewa zostali zbawieni i wstąpili do nieba? W końcu zgrzeszyli przeciw Bogu i złamali jego zakaz. Opierając się na tym fakcie, niektórzy wyciągają wniosek, że nie zostali zbawieni, ponieważ zgrzeszyli i spowodowali, że odtąd wszystko co żywe zostało przeklęte, a ich potomkowie również musieli cierpieć. Jednak miłosierny Bóg i przed nimi otworzył drogę do zbawienia. Ich serca pozostały czyste oraz łagodne w stosunku do Boga nawet po tym, jak zgrzeszyli, zupełnie przeciwnie do wielu obecnie żyjących na tym zepsutym świecie ludzi, których serca splamione są wszelkiego rodzaju grzechem i złem.

Na skutek swojego grzechu Adam musiał odtąd pracować w pocie czoła, żyjąc zupełnie inaczej niż w ogrodzie Eden, natomiast Ewa od tej pory cierpiała podczas porodu dzieci. Obydwoje doświadczyli również tego, jak jeden z ich synów zamordował drugiego.

Poprzez pryzmat wszystkich cierpień i doświadczeń, Adam i Ewa zaczęli doceniać błogosławieństwa i obfitość, które posiadali w ogrodzie rajskim. Tęsknili za życiem w miłości Boga i Jego opieką. Kiedy w swoich sercach zdali sobie sprawę, że wszystko co mieli w ogrodzie Eden było wyrazem miłości Boga, okazali głęboką skruchę za swoje nieposłuszeństwo.

Jak miłosierny Bóg, który przebacza nawet złoczyńcy, gdy ten z całego serca żałuje za grzechy, mógłby odrzucić akt skruchy Adama i Ewy? Zostali oni stworzeni ręką Boga i przez długi czas pozostawali pod Jego opieką. Jak Bóg mógłby odesłać ich do piekła?

Stworzyciel Świata docenił głęboki żal Adama i Ewy za wyrządzone zło. Z miłości poprowadził ich na drogę zbawienia. Jednak z pewnością obydwoje trafili tylko do raju, ponieważ choć Pan kochał ich całym sercem, odrzucili miłość Bożą. Ich nieposłuszeństwo miało straszne skutki, ponieważ wywołało wielki ból w sercu Bożym i przyniosło śmierć oraz ból niezliczonym ludziom żyjącym w kolejnych pokoleniach.

Załóżmy, że urodziło się dziecko, które nie rośnie przez bardzo długi czas. Kiedy nagle zaczyna stopniowo rozwijać się, jego rodzice są zadowoleni. Jeśli jednak dobrze się odżywia, a mimo to nadal nie rośnie, obawy rodziców potęgują się z każdym dniem.

Tak i my, jeśli otrzymamy Ducha Świętego i posiądziemy wiarę małą jak ziarnko gorczycy, musimy podejmować wysiłki, żeby ją rozwijać, poznając Słowo Boże i będąc mu posłusznymi. Tylko wtedy wszelkie prośby zanoszone do Pana zostaną wysłuchane. Zatem chwalmy Pana i każdego dnia przybliżajmy się do królestwa niebieskiego.

Modlę się w imieniu Pana naszego, Jezusa Chrystusa, aby nigdy nie zadowolił nas sam fakt, że po otrzymaniu Ducha Świętego zostaniemy zbawieni, ale żebyśmy starali się każdego dnia zwiększać naszą wiarę oraz cieszyli się wszystkimi prawami i błogosławieństwami, które przysługują dzieciom Bożym.

Rozdział 5

Wiara ludzi, którzy próbują żyć według Słowa Bożego

1
Drugi stopień wiary
2
Najtrudniejszy etap życia w wierze
3
Wiara Izraelitów w czasie wyjścia z Egiptu
4
Dopóki wierzymy i jesteśmy posłuszni
5
Dojrzali i niedojrzali chrześcijanie

„*A zatem stwierdzam w sobie to prawo,
że gdy chcę czynić dobro, narzuca mi się zło.
Albowiem wewnętrzny człowiek [we mnie]
ma upodobanie zgodne z Prawem Bożym.
W członkach zaś moich spostrzegam prawo inne,
które toczy walkę z prawem mojego umysłu
i podbija mnie w niewolę pod prawo grzechu
mieszkającego w moich członkach.
Nieszczęsny ja człowiek!
Któż mnie wyzwoli z ciała, [co wiedzie ku] tej śmierci?
Dzięki niech będą Bogu przez Jezusa Chrystusa,
Pana naszego!
Tak więc umysłem służę Prawu Bożemu,
ciałem zaś – prawu grzechu.*"

(Rz 7,21-25)

Na początku naszego życia w Chrystusie, po otrzymaniu Ducha Świętego, stajemy się żarliwi w życiu duchowym, a na myśl o zbawieniu przepełnia nas radość. Gdy poznajemy Boga i dowiadujemy się o królestwie niebieskim, to jeszcze bardziej staramy się postępować zgodnie ze Słowem Bożym. Duch Święty pomaga nam pojąć prawdę i podążać jej drogą. Gdy natomiast postępujemy wbrew Słowu Bożemu, to ten sam Duch wzdych w bólu, dając do zrozumienia o popełnionym przez nas błędzie, zaś my czujemy się okropnie i poznajemy, czym jest grzech.

Dzięki temu, jeśli nawet nasza wiara pozwala nam na osiągnięcie zaledwie zbawienia, to w kolejnym stadium jej rozwoju podejmujemy jeszcze większy wysiłek, aby żyć według Słowa. Przyjrzyjmy się z bliska, jak wygląda życie na tym etapie wiary.

1. Drugi stopień wiary

Gdy dzięki wierze w Jezusa Chrystusa mamy zapewnione zbawienie i osiągamy pierwszy stopień wiary, możemy nadal grzeszyć nieświadomie, ponieważ posiadamy ograniczoną wiedzę na temat Słowa Bożego. To tak jak z dzieckiem, które nie czuje wstydu z powodu nagości.

Mimo to, jeśli słuchamy Słowa i duchowo wyczuwamy

tętniące w nim życie, ogarnia nas pragnienie jeszcze lepszego poznania go oraz chęć modlenia się do Boga. Na widok ludzi wiernie służących kościołowi rozkwita w nas chęć prowadzenia podobnego życia w Chrystusie.

Stopniowo, ale konsekwentnie odwracamy się od rzeczy tego świata i staramy się słuchać Słowa Bożego oraz zaczynamy chodzić do kościoła. O ile wcześniej kontakty nawiązywaliśmy głównie z przyjaciółmi świeckimi, to teraz mamy ochotę podążać za duchowymi naukami, braćmi i siostrami, ponieważ nasze serce nie zaprzestaje poszukiwać Ducha Świętego.

Kiedy osiągamy drugi stopień wiary i słuchamy słów pastora oraz wyznań braci i sióstr w Chrystusie, dowiadujemy się jak, jako dziecko Boże, powinniśmy prowadzić dobre życie chrześcijanina. Oczywiście nauka ta trwa przez pewien czas. Zaczynamy dzień święty święcić i przynosimy nasze dary do domu Bożego. Dowiadujemy się, że zawsze powinniśmy zachować radość, wdzięczność i nieustannie się modlić. Uczymy się kochać swoich bliźnich jak siebie samego, a nawet kochać wrogów. Przyswajamy sobie, że powinniśmy porzucić wszelkie zło, takie jak nienawiść, zazdrość, osądzanie lub oszczerstwa i swoim sercem naśladować serce Pana. To w tym momencie decydujemy się żyć zgodnie ze Słowem Bożym.

2. Najtrudniejszy etap życia w wierze

Odtąd, ponieważ znamy prawdę, podejmujemy wysiłek, aby żyć według Słowa Bożego, a jednocześnie czujemy ciężar naszej decyzji, ponieważ nie zawsze jest to łatwe. Nasze uczynki wydają

Wiara ludzi, którzy próbują żyć według Słowa Bożego 77

się być w konflikcie z naszą wolą. Często wysiłki spełzają na niczym, ponieważ nie została nam jeszcze dana dostateczna siła duchowa, pozwalająca podążać za Słowem Bożym. Niektóre osoby mogą nawet zacząć narzekać i żałować decyzji mówiąc: „I na co mi ten cały kościół." Dla uzyskania pełniejszego obrazu posłużmy się przykładem.

W każdą niedzielę chcemy dzień święty święcić, lecz nie zawsze nam się to udaje, czy to ze względu na spotkanie towarzyskie, czy też zaplanowaną wizytę. Czasami udamy się na wesele do rodziny lub znajomych, lub z jeszcze jakiegoś innego powodu nie weźmiemy udziału w niedzielnej mszy świętej.

Wiemy także, że powinniśmy ofiarować Bogu dziesiątą część wszystkiego, lecz czasami nie stosujemy się do tego nakazu. Innym razem przepełnia nas nienawiść do innych, choć próbujemy się jej wyzbyć. Pożądanie wzrasta w nas na widok atrakcyjnej osoby płci przeciwnej, ponieważ ta część naszej natury, grzeszna i zła, nadal w nas tkwi (Mt 5,28).

Na drugim etapie wiary staramy się ze wszystkich sił postępować według Słowa Bożego, mimo że siła niezbędna, aby tego dokonać, nie została nam jeszcze dana. Próbujemy odrzucić wszystkie nasze grzechy jak osądzanie innych, zazdrość, cudzołóstwo i wiele innych, które są sprzeczne ze Słowem.

Próby przestrzegania Słowa Bożego

W Liście do Rzymian 7,21-23 apostoł Paweł szczegółowo opisuje drugi stopień wiary jako najtrudniejszy do przejścia etap:

„A zatem stwierdzam w sobie to prawo, że gdy chcę

czynić dobro, narzuca mi się zło. Albowiem wewnętrzny człowiek [we mnie] ma upodobanie zgodne z Prawem Bożym. W członkach zaś moich spostrzegam prawo inne, które toczy walkę z prawem mojego umysłu i podbija mnie w niewolę pod prawo grzechu mieszkającego w moich członkach."

Otóż są chrześcijanie, którzy cierpią, ponieważ znają Słowo Boże, lecz go nie przestrzegają. Obowiązkiem przewodników duchowych jest mądrze naprowadzić ich na drogę prawdy. Załóżmy, że jakiś człowiek nie potrafi rzucić palenia lub zaprzestać nadużywania alkoholu. Jeśli udzielimy mu reprymendy mówiąc: „Jeśli nadal będziesz palił lub pił, Bóg pogniewa się na ciebie", to będzie odkładał pójście do kościoła i zapewne opuści Boga. Lepiej zachęcić go słowami: „Możesz łatwo przestać palić i pić, ponieważ Bóg ci pomoże. Jeśli twoja wiara wzrośnie, łatwo będzie porzucić nałogi, dlatego proszę módl się do Boga i wierz, a On będzie cię wspierał." W pierwszym przypadku, człowiek ten przyszedłby do Boga ze strachu przed karą i przepełniony poczuciem winy, natomiast w drugim cieszyłby się i dziękował, mając oparcie w Bożym miłosierdziu.

Rozważmy inny przykład. Pewien człowiek co tydzień uczęszcza na niedzielną mszę świętą w godzinach porannych, natomiast po południu otwiera swój sklep. Jak zareagujemy? Najlepiej jest uprzejmie go napomnieć: „Bóg raduje się, kiedy święcimy cały dzień święty. Jeśli zachowasz ten nakaz i będziesz modlił się o Jego błogosławieństwo, na pewno zauważysz, że Bóg błogosławi ci bardziej obficie, niż jesteś w stanie zarobić na otwarciu sklepu w niedzielę." Niemniej jednak wiara nigdy nie powinna pozostawać na tym samym poziomie, a człowiek wierzący powienien robić wszystko, by wzrastać w swej wierze. Tak, jak możemy zaobserwować u dzieci, które w odpowiednim czasie nie rozwijają się właściwie i chorują, są kalekie lub umierają, tak też wiara człowieka pozostawiona sama sobie z czasem słabnie, a on sam coraz bardziej oddala się od zbawienia. Jak wielkie byłoby nieszczęście, gdyby osoba wierząca nie dostąpiła zbawienia! Jezus w Apokalipsie św. 3,15-16, Jana mówi: „*Znam twoje czyny, że ani zimny, ani gorący nie jesteś. Obyś był zimny albo gorący! A tak, skoro jesteś letni i ani gorący, ani zimny, chcę cię wyrzucić z mych ust."* Bóg ostrzega nas, że nie zostaniemy zbawieni, jeśli nasza wiara będzie letnia. Jeśli jest zimna, Bóg jest w stanie poprowadzić nas ku zbawieniu, gdy po przejściu prób okażemy skruchę. Lecz jeśli mamy wiarę letnią, nie jest łatwo nam spojrzeć prawdzie w oczy i żałować za grzechy.

3. Wiara Izraelitów w czasie wyjścia z Egiptu

Jeśli nie udaje się nam żyć zgodnie ze Słowem Bożym to zazwyczaj narzekamy na trudności, zamiast z radością i pełni wiary stawić im czoła. Mimo to miłosierny Bóg toleruje nasze zachowania i nieustannie zachęca do życia w prawdzie.

Na przykład, Izraelici w Egipcie byli niewolnikami przez około czterysta lat. Pod przewodnictwem Mojżesza wydostali się z niewoli i podczas podróży do ziemi Kanaan wielokrotnie byli świadkami cudów Bożych.

Przeżyli dziesięć plag zesłanych na Egipt, widzieli jak rozdzielają się wody Morza Czerwonego oraz jak gorzkie wody Mara zamieniają się w słodką wodę pitną. Podczas przeprawy przez pustynię jedli zesłane przez Boga mięso przepiórek i mannę z nieba. W ten właśnie sposób doświadczali wspaniałej mocy Boga i Jego dzieł.

Mimo to, zamiast modlić się w wierze, narzekali i złorzeczyli za każdym razem, gdy napotykali trudności. Tymczasem miłosierny Bóg zlitował się i został z nimi, prowadząc ich dzień i noc, aż dotarli do Ziemi Obiecanej.

Narzekający i żywiący urazę ludzie

Dlaczego Izraelici narzekali i złorzeczyli za każdym razem, gdy poddawani byli próbie lub napotykali trudności? Powodem była najwyraźniej nie sytuacja, w której się znaleźli, lecz ich wiara. Gdyby naprawdę wierzyli to, choć znajdowali się na pustkowiu, zawczasu cieszyliby się z tego, że dotrą do Kanaan, Ziemi Obiecanej.

Innymi słowy jeśli wierzyliby, że Bóg na pewno poprowadzi ich do ziemi Kananejczyków, zapewne zdołaliby do niej dotrzeć, pokonując po drodze wszelkie przeciwności bez dodatkowych cierpień i bólu.

W zależności od stopnia wiary oraz nastawienia, reakcje ludzi przebywających jednocześnie w tym samym otoczeniu lub sytuacji mogą być różne. Jedni cierpią katusze, inni akceptują je z poczucia obowiązku, a jeszcze inni znajdują w nich wolę Boga i dostosowują się, zachowując radość i dziękczynienie w sercu.

Jak możemy wieść życie w Chrystusie nie narzekając, lecz

Wiara ludzi, którzy próbują żyć według Słowa Bożego 81

będąc wdzięcznymi? Aby odpowiedzieć na to pytanie, posłużmy się przykładem. Załóżmy, że żyjemy w ludnej stolicy Korei Południowej, Seulu i popadliśmy w finansowe tarapaty.

Pewnego dnia ktoś przychodzi do nas i mówi: "Około czterysta kilometrów na południe od Seulu, na plaży nieopodal miejscowości Pusan zakopano diament wielkości piłki nożnej. Jest twój, jeśli go znajdziesz. Dotrzeć na miejsce możesz jedynie na piechotę lub biegnąc, lecz nie wolno ci tam jechać ani samochodem, ani autobusem, ani pociągiem, czy też lecieć samolotem."

Jakbyśmy zareagowali? Przecież nie odpowiedziałbyś: „W porządku. Diament jest mój, bo mi go dał, więc pójdę po niego w przyszłym roku" lub „Pójdę tam za miesiąc, ponieważ teraz jestem bardzo zajęty." Zapewne śpieszyłbyś się, aby wyruszyć w chwili, gdy tylko usłyszałeś o zakopanym skarbie.

Kiedy ludzie słyszą takie nowiny, większość z nich biegnie w kierunku Pusan obierając najkrótszą możliwą drogę, aby tylko jak najszybciej zacząć kopanie. Nikt w drodze do Pusan, pomimo bolących stóp i zmęczenia, nie rezygnuje. Zamiast tego pędzimy ile sił, pełni radości i nie skarżąc się na ból, żeby tylko wykopać wartościowy kamień.

Jeśli mamy niezłomną nadzieję i wiarę, że zamieszkamy w wiecznym i przepięknym królestwie niebieskim, będziemy mogli przebiec przez wszystkie etapy wiary bez narzekania na trudności, aż osiągniemy nasz cel.

Ludzie posłuszni

Postępując zgodnie ze Słowem Bożym, nie odczujemy

cierpień ani zmęczenia, lecz będziemy się cieszyli i delektowali chrześcijańskim życiem. Jeśli w naszym życiu w wierze czujemy niepokój, oznacza to, że działamy wbrew woli Boga i Jego Słowu. Oto przypowieść. Dawniej do ciągnienia zaprzęgu wykorzystywano konie. Choć ciężko pracowały dla swoich panów, często je chłostano. Ludzie nie musieliby tego robić, jeśli konie byłyby posłuszne, ale gdy nie słuchały i podążały swoją drogą, bat za każdym razem smagał ich grzbiety.

Podobnie jest z ludźmi nieposłusznymi Bogu. Chodzą oni własnymi ścieżkami i doprowadzają swego Pana do gniewu, za co od czasu do czasu są karani. Z drugiej strony ludzie postępujący według Słowa Bożego, którzy mówią „Panie, powiedz mi tylko słowo, a podążę za Tobą", prowadzą łatwe i spokojne życie.

Na przykład, Bóg przykazuje nam: „Nie kradnij." Kiedy przestrzegamy przykazania, odczuwamy spokój. Jednak kiedy je łamiemy, pojawia się niepokój, ponieważ zrodziło się w nas złe pragnienie. To naturalne, że dziecko Boże powinno wyrzec się wszystkiego, co Bóg nakazuje odrzucić. W przeciwnym razie w sercu takiej osoby pojawi się lęk.

To właśnie miał na myśli Jezus, mówiąc w Ewangelii Mateusza 7,13-14: „*Wchodźcie przez ciasną bramę. Bo szeroka jest brama i przestronna ta droga, która prowadzi do zguby, a wielu jest takich, którzy przez nią wchodzą. Jakże ciasna jest brama i wąska droga, która prowadzi do życia, a mało jest takich, którzy ją znajdują.*"

Początkujący w wierze doświadczają wielu trudności, starając się zachować posłuszeństwo wobec Słowa. Jest to dla nich jak przekraczanie ciasnej bramy. Jednak po przejściu przez nią, stopniowo zaczynają zdawać sobie sprawę, że droga, na której się znajdują jest prawdziwa, że prowadzi do nieba i można napotkać na niej szczęście.

4. Dopóki wierzymy i jesteśmy posłuszni

Zapewne niejednokrotnie słyszeliśmy fragment 1 Listu do Tesaloniczan 5: „*Zawsze się radujcie, nieustannie się módlcie! W każdym położeniu dziękujcie, taka jest bowiem wola Boża w Jezusie Chrystusie względem was*" (wers 16-18). Czy nasza radość zanika, gdy przydarzy się nam coś smutnego? Czy patrzymy na kogoś z marsową miną, gdy sprawia nam kłopoty? Czy ogarnia nas niepokój i zmartwienie, gdy popadamy w finansowe tarapaty i nieustannie ktoś nas zadręcza?

Niektórzy mogą uważać okazywanie radości i wdzięczności w ciężkich chwilach za obłudne i pytać: „Dlaczego miałbym dziękować, kiedy nie mam za co?" Wiedzą też, że powinni być cierpliwi, a mimo to denerwują się lub wybuchają gniewem w obliczu trudnych do zniesienia sytuacji.

Dopuszczają się cudzołóstwa w swoich sercach, kiedy patrzą na atrakcyjną kobietę, ponieważ nie wyrzucili pożądania ze swojego serca. Wszystkie te rzeczy dowodzą, że osoby te nie pozbyły się grzechów i nadal nie postępują według Słowa Bożego.

Głusi na Ducha Świętego

Jeśli w dużej mierze znamy Słowo Boże, a mimo to nie postępujemy zgodnie z nim, to stajemy się głusi na Ducha Świętego; ani nie może być On naszym przewodnikiem, ponieważ wybudowaliśmy ścianę z grzechu pomiędzy sobą, a Bogiem. Jednak nawet początkujący w wierze słyszą Jego głos i są przez niego prowadzeni, jeśli tylko słuchają Słowa Bożego. Tak jak małe dziecko, które jeśli słucha rodziców, nie musi się martwić, że stanie mu się krzywda, tak i Bóg, choćby była w nas garstka wiary, jest z nas zadowolony i prowadzi nas, gdy jesteśmy mu posłuszni.

Oto przykład. Rodzice ze wszystkich stron roztaczają opiekę nad małym dzieckiem. Jednak kiedy dorośnie i zacznie samodzielnie jeść oraz chodzić, nie będą musieli poświęcać mu już tyle uwagi. Gdy osiągnie wiek, w którym pójdzie do szkoły podstawowej, nie ma potrzeby traktowania go jak niemowlęcia. Mimo to rodzice będą odczuwali ból i cierpienie, gdy ich dziecko nie będzie potrafiło poprawnie założyć butów lub wykonać czynności, z którymi dzieci w jego wieku radzą sobie z łatwością.

Podobnie jest z nami. Jeśli wiedliśmy chrześcijańskie życie wystarczająco długo, aby stać się sługami lub przewodnikami w kościele, to musimy już postępować zgodnie ze Słowem Bożym. Jeśli tak nie jest, jeśli nasze życie chrześcijanina przypomina życie niemowlęcia, a my nadal wznosimy mur z grzechu przed Bogiem, możemy być pewni, że czeka nas ciężka próba.

Wówczas, choćbyśmy zanosili do Boga modlitwy, pozostanie On głuchy na nasze wołania. Nie będziemy mogli wydać dobrego owocu w naszym życiu, a Bóg przestanie nad nami czuwać. Zamiast prosperować będziemy napotykali na trudności. Czeka nas życie pełne bólu i znoju, niepokoju i trosk.

Pozbawieni pomocy Bożej

Po osiągnięciu drugiego poziomu wiary doskonale wiemy, czym jest grzech oraz zdajemy sobie sprawę, że powinniśmy odrzucić wszelkie zło i fałsz, które się w nas znajdują. Gdybyśmy tego nie zrobili, to jak moglibyśmy bez uczucia wstydu stanąć przed obliczem Boga, który jest światłością? Szatan bez wątpienia przyszedłby do nas i starał się zasiać zwątpienie w Stwórcę, by ostatecznie zwrócić nas ku dobrom doczesnym.

Miałem w swoim kościele prezbitera, który starał się rozwinąć różnorodne przedsięwzięcia finansowe, a który nieustannie pytał siebie: „Co mogę zrobić dla swoich owieczek?"
Niestety nie wiodło mu się najlepiej, ponieważ nie był wierny pod względem duchowym i zaniedbał najważniejsze – nie oczyścił swego serca. Zhańbił Boga, zbaczając ze ścieżki prawdy, gdyż jego przyziemne myśli oraz serce tak naprawdę szukały dóbr dla siebie. Wypowiedział też wiele nieszczerych słów, pokłócił się z wieloma ludźmi i pod wieloma względami postępował wbrew Słowu.

Im dłużej przeciągały się jego problemy finansowe i międzyludzkie, tym bardziej skłaniał się ku nieprawości zamiast ku wierze. Bóg wezwał go do siebie, zanim z powodu cofnięcia się w wierze utraciłby wszystkie nagrody w niebie, na które zasłużył dotychczasowym życiem.

Dlatego musimy zdawać sobie sprawę, że najważniejsze nie są dobra fizyczne i zdobyte tytuły, lecz odrzucenie grzechów, prowadząc życie według Słowa Bożego..

5. Dojrzali i niedojrzali chrześcijanie

Kiedy popełniamy grzechy będąc na pierwszym poziomie wiary, nie czujemy się zaniepokojeni ani nie słyszymy protestów Ducha Świętego. Dzieje się tak, ponieważ nie potrafimy jeszcze odróżnić prawdy od fałszu i często nie zdajemy sobie sprawy, że zgrzeszyliśmy. Bóg nie ma nam tego tak bardzo za złe, ponieważ nasze błędy wynikają z naszej nikłej znajomości Słowa Bożego. To tak jak małemu dziecku nie mamy za złe, jeśli nawet zrzuci ze stołu szklankę wody lub raczkując, stłucze delikatną porcelanę. Zamiast winę zrzucać na dziecko, rodzice często winią samych siebie za niedostateczną ostrożność.

Jednak jeśli osiągniemy drugi stopień wiary i popełnimy grzech, zaczynamy słyszeć w sobie urażony głos Ducha Świętego oraz odczuwać niepokój. Nadal nie rozumiemy każdego Słowa Bożego, ponieważ duchowo jesteśmy małymi dziećmi i nie jest nam łatwo o własnych siłach żyć z nim w zgodzie. Z tego powodu osoby znajdujące się na pierwszym lub drugim stopniu wiary określa się mianem „chrześcijan karmionych mlekiem."

Chrześcijanie karmieni mlekiem

Apostoł Paweł napisał w 1 Liście do Koryntian 3,1-3:

„A ja nie mogłem, bracia, przemawiać do was jako do ludzi duchowych, lecz jako do cielesnych, jako do niemowląt w Chrystusie. Mleko wam dałem, a nie pokarm stały, boście byli niemocni; zresztą i nadal nie jesteście mocni. Ciągle przecież jeszcze jesteście

cieleśni. Jeżeli bowiem jest między wami zawiść i niezgoda, to czyż nie jesteście cieleśni i nie postępujecie tylko po ludzku?"

Wraz z przyjęciem Jezusa Chrystusa do serca otrzymujemy prawo, aby stać się dzieckiem Bożym, a nasze imię zostaje wpisane do księgi żywota w niebie. Jednak do czasu, aż utracony obraz Boga zostanie w nas przywrócony, traktuje się nas jak małe dzieci w Chrystusie Panu.

Z tego powodu należy mądrze opiekować się osobami będącymi zarówno na pierwszym, jak i na drugim stopniu wiary. Należy zachęcać je do życia zgodnego ze Słowem Bożym i ciągle go nauczać. Proces ten przypomina karmienie niemowlęcia mlekiem.

Dlatego osoby, które osiągnęły pierwszy lub drugi stopień wiary nazywamy „chrześcijanami karmionymi mlekiem." Gdy ich wiara wzrasta i zaczynają rozumieć Słowo Boże, postępując z nim zgodnie o własnych siłach, zwie się ich „chrześcijanami karmionymi pokarmem stałym."

Tak oto, jeśli jesteśmy chrześcijanami karmionymi mlekiem, lub inaczej mówiąc znajdujemy się na pierwszym lub drugim poziomie wiary, musimy robić co w naszej mocy, żeby stać się chrześcijanami karmionymi pokarmem stałym. Jednak pamiętajmy, że kiedy nasza wiara rozwinie się ponad pierwsze dwa poziomy, nie da się na siłę wieść życia chrześcijanina karmionego mlekiem. Jeśli tego spróbujemy, będziemy cierpieli na niestrawność, tak jak niemowlę popada w żołądkowe tarapaty jedząc pokarm stały.

Toteż musimy mądrze opiekować się naszym partnerem życiowym, dzieckiem, lub kimkolwiek, kto ma jeszcze małą wiarę. Musimy najpierw postawić się na ich miejscu i dopiero wtedy zacząć pomagać w rozwoju wiary poprzez nauczanie Słowa Bożego, nigdy zaś poprzez oskarżanie lub wypominanie z powodu małej wiary, która jest tworem ich upartego serca lub nieposłuszeństwa.

Bóg nie karze ludzi, którzy znajdują się na jednym z dwóch pierwszych poziomów wiary, nawet jeśli nie przestrzegają nakazu, żeby dzień święty święcić lub jeśli tylko częściowo żyją według Słowa Bożego. Stwórca doskonale rozumie sytuację, w której się znajdują i przewodzi im z miłością. Z tego powodu musimy umieć określać zarówno wielkość naszej wiary, jak i wiary innych ludzi oraz postępować rozsądnie, według stopnia wiary, na którym się znajdujemy.

Chrześcijanie karmieni pokarmem stałym

Jeśli nawet nasza wiara nie wykracza poza drugi stopień, a staramy się wieść przykładne chrześcijańskie życie, to możemy być pewni, że znajdujemy się pod Bożą opieką z dala od kłopotów i wszelkich prób. Mimo to nie powinniśmy poprzestawać na drugim poziomie wiary i rozwijać ją dalej. Rodzice niepokoją się, gdy ich pociecha rozwija się nieprawidłowo, lecz są niezmiernie szczęśliwi, gdy rośnie zdrowa i pełna sił. Dzieci Boże także muszą podejmować wysiłek i rozwijać swą wiarę poprzez Słowo Boże i modlitwę.

We właściwym czasie Bóg, widząc nasze wysiłki, wprowadzi nas na trzeci poziom wiary. Wówczas błogosławi nas nie tylko zwiększeniem naszej wiary, ale także wieloma innymi dobrami. Im większe trudności pokonamy na swojej drodze, tym większe będą Jego błogosławieństwa.

Z drugiej strony, jeśli poziom naszej wiary powinien już wzrosnąć, lecz nasze życie jest taki jak życie tych, których poziom wiary nie osiągnął poziomu trzeciego, to zamiast Bożych błogosławieństw spodziewajmy się dyscyplinarnych prób.

Zupełnie jak dziecko, którego dieta jest uboga w niezbędne składniki pokarmowe, ponieważ chce pić tylko mleko. Jeśli dziecko pozostanie przy takiej diecie, może rozchorować się z niedożywienia lub nawet umrzeć. W takiej sytuacji naturalne wydają się starania rodziców, by ich dziecko jadło urozmaicone posiłki.

Tak samo, gdy dzieci Boże znają Jego Słowo, a mimo to są nieposłuszne i podążają drogą wiodącą do śmierci, Bóg, który poprzez Jezusa Chrystusa pragnie odzyskać swe prawdziwe pociechy, z ciężkim sercem wystawia je na próby.

Stwórca traktuje swe dzieci następująco: *„Bo kogo miłuje Pan, tego karze, chłoszcze zaś każdego, którego za syna przyjmuje. Trwajcież w karności! Bóg obchodzi się z wami jak z dziećmi. Jakiż to bowiem syn, którego by ojciec nie karcił?"* (Hbr 12,6-7)

Jeśli dziecko Boże popełni grzech, a Bóg nie zareaguje, będzie to sygnałem dla danej osoby, że została opuszczona przez Pana. Jeśli trafi do piekła będzie to dla niej najstraszniejsza tragedia, ponieważ Stwórca nie uważa jej za swoje dziecko.

Dlatego pamiętajmy, że jeśli z powodu grzechu Bóg ześle na nas próby, to są one oznaką Jego miłości i okażmy żal za nasze grzechy. Natomiast jeżeli mimo popełnionego przez nas zła nic takiego się nie stanie, nie poddawajmy się i okażmy skruchę, aż otrzymamy przebaczenie. Zwróćmy uwagę, że nasze grzechy zostają odpuszczone, kiedy odrzucamy je nie tylko słowem, ale odwracamy się od nich zupełnie. Prawdzie odpuszczenie grzechów dokonuje się nie z mocy naszej woli, lecz z mocy łaski Bożej. Dlatego musimy szczerze żałować za swe grzechy, płacząc i prosząc Pana o łaskę odpuszczenia grzechów. Jeśli Jego łaska zstąpi na nas, powinniśmy okazywać skruchę, płacząc i łkając, a wtedy rozdzierający nasze serce żal za grzechy opuści nas. Tylko wtedy ściana z grzechu runie, a nasze serce wróci do życia i wypełni je światłość. Zostaniemy przepełnieni Duchem Świętym, radością i wdzięcznością, co będzie oznaczało, że odzyskaliśmy miłość Bożą.

Jeśli powinniśmy być na trzecim poziomie wiary, lecz zachowujemy się i żyjemy w sposób właściwy niższym poziomom, to ciężko będzie rozwinąć wiarę, która pomogłaby w rozwiązaniu dręczących nas problemów. Jeśli nie otrzymamy wiary od Boga, to niemożliwe stanie się dla nas wyleczenie chorób dzięki wierze i prawdopodobnie będziemy polegali tylko na sposobach przyziemnych. Jednak jeśli szczerze okażemy żal za grzechy i odwrócimy się od nich, to możemy być pewni, że wkrótce osiągniemy trzeci poziom wiary.

Gdy już zrozumiemy zasady rządzące wzrostem wiary, nasz obecny poziom nie będzie dla nas satysfakcjonujący. Tak, jak dziecko dorasta i idzie do szkoły podstawowej, następnie gimnazjum, szkoły średniej i na studia, tak i my musimy nieustannie doskonalić naszą wiarę, aż osiągniemy jej pełnię.

Jeśli znajdujemy się na drugim poziomie wiary to wkrótce, wypełnieni Duchem Świętym, zaczniemy wzrastać jak świeżo posadzone ziarnko gorczycy. Innymi słowy, nasza wiara zaczyna rosnąć na tyle, byśmy mogli coraz lepiej poznawać Słowo Boże, postępować zgodnie z nim, uczęszczać na msze świętą i modlić się bez ustanku.

Tak też modlę się w imieniu Pana naszego, Jezusa Chrystusa, abyśmy Słowo Boże traktowali nie tylko jak suchą wiedzę, lecz byli mu posłuszni i wzrastali w wierze aż do śmierci.

Rozdział 6

Wiara próbujących żyć według Słowa Bożego

1
Trzeci stopień wiary
2
Aż staniemy się opoką wiary
3
Wytrwała walka z grzechem

„Każdego więc, kto tych słów moich słucha
i wypełnia je,
można porównać z człowiekiem roztropnym,
który dom swój zbudował na skale.
Spadł deszcz, wezbrały potoki,
zerwały się wichry i uderzyły w ten dom.
On jednak nie runął,
bo na skale był utwierdzony."

(Mt 7,24-25)

Miara wiary u każdego człowieka jest inna. Wiara jest darem od Boga i wielkością dorównuje prawdzie w naszym sercu. Gdy wiara oparta na wiedzy zamienia się w wiarę daną nam przez Pana, nasze wołania mogą zostać wysłuchane.

W poprzednich rozdziałach napisałem, że wraz z osiągnięciem pierwszego, koniecznego do zbawienia poziomu wiary, otrzymujemy Ducha Świętego i nasze imię trafia do księgi żywota w niebie. W tym czasie rodzi się nasza więź z Bogiem, którego zaczynamy nazywać „Bogiem Ojcem."

Następnie nasza wiara zaczyna rozwijać się, a my z przyjemnością, wypełnieni Duchem Świętym, słuchamy Słowa Bożego i podejmujemy próby postępowania według niego. Nie zawsze są one udane. Zdarza się, że odczuwamy zmęczenie, a nasze prośby pozostają bez odpowiedzi. Jest to drugi poziom wiary.

Jak osiąga się trzeci poziom wiary, na którym żyjemy według Słowa? Jak wtedy wygląda chrześcijańskie życie?

1. Trzeci stopień wiary

W sercu człowieka, który Kiedy wiara kiełkuje, osiąga wielkość, na skutek której próbujemy żyć według Słowa, a następnie wzrasta do poziomu, na którym żyjemy według niego.

Innymi słowy na początku jedynie słuchamy Słowa Bożego i dopiero w miarę rozwoju naszej wiary zaczynamy je coraz lepiej rozumieć i według niego postępować. Z tego powodu „wiara posłusznych" często nazywana jest „wiarą niosącą zrozumienie." Zrozumienie jest czymś innym niż traktowanie Słowa Bożego jak suchej wiedzy. Usilne kierowanie się Pismem Świętym, wynikające z wpojonej wiedzy, że Biblia jest Słowem Bożym, jest czymś zupełnie innym niż postępowanie zgodne z Pismem Świętym, które wynika z wolnej woli, chęci oraz zrozumienia powodów naszego posłuszeństwa.

Życie według Słowa Bożego wynikające z jego zrozumienia

Oto przykład. Przypuśćmy, że wysłuchaliśmy następującego przesłania: „Jeśli będziesz dzień święty święcił oraz ofiarował całą dziesięcinę, Bóg uchroni cię przed wszelkimi problemami i próbami. Zapewni ci doskonałe zdrowie. Pobłogosławi twoją duszę i zapewni dostatek."

Jeśli słuchając tego przesłania, znamy Słowo Boże, lecz nie rozumiemy go w sercu, to nie zawsze będziemy się do niego stosowali. Możemy podejmować takie próby, myśląc, że to wydaje się słuszne i czasami postępować zgodnie ze Słowem, ale w większości nasze zachowanie będzie podlegało okolicznościom, w których będziemy się znajdowali i niejednokrotnie złamiemy Boże zakazy. Cykl ten może powtarzać się do momentu osiągnięcia doskonałej wiary w Słowo Boże.

Gdy jednak zrozumiemy przesłanie Boga i uwierzymy w nie głęboko w naszym w sercu, to zawsze będziemy święcili dzień święty, ofiarowali całą dziesięcinę i nie pójdziemy pod tym względem na żaden kompromis.

Na przykład pewien dyrektor firmy mówi swoim pracownikom: „Każdemu, kto będzie pracował w ciągu nocy, zapłacę za nadgodziny oraz dam awans." Jeśli pracownicy decydowaliby o swoich nadgodzinach to jak myślisz, co by zrobili, gdyby ufali swojemu przełożonemu? Gdyby nie mieli żadnych szczególnych powodów, aby tego nie robić, to zapewne zostaliby w pracy przez całą noc. Z reguły trzeba kilku lat pracy oraz zdania trudnego egzaminu, aby awansować w firmie. Biorąc ten fakt pod uwagę, żaden pracownik nie będzie zwlekał z podjęciem dodatkowej pracy w nocy, choćby miało to trwać miesiąc lub nawet dłużej.

Prawda ta stosuje się również do przykazania, aby dzień święty święcić i ofiarować Bogu całą dziesięcinę. Jeśli w pełni ufamy Bogu w tej kwestii, to jak powinniśmy postępować?

Posłuszeństwo skutkuje błogosławieństwami

Poprzez przestrzeganie nakazu „dzień święty święcić", uznajemy suwerenność Boga, że jest on Panem królestwa duchowego. To dlatego przez cały tydzień chroni On nas od wszelkiego złego i błogosławi naszej duszy. Zwierzchności Boga nad nami dajemy także wyraz, ofiarując dziesięcinę, która potwierdza przynależność wszystkiego, co na Ziemi i w niebie do Boga.

Ponieważ Stwórcą wszelkich rzeczy jest Bóg i od Niego pochodzi życie, to także nasza siła do pokonywania wszelkich przeciwności i czynienia dobra ma w Nim swój początek. Inaczej mówiąc, wszystko należy do Boga, a skoro tak jest, to także nasze dochody należą do Niego. Mimo to pozwala On nam zachować niemal wszystko dla siebie, nakazując złożyć w ofierze jedynie dziesiątą część.

W Księdze Malachiasza 3,8-9 jest napisane: *„Alboż godzi się człowiekowi oszukiwać Boga, jak wy Mnie oszukujecie? Pytacie: W czym oszukaliśmy Cię? W dziesięcinach i ofiarach. Jesteście zupełnie przeklęci, bo wy – i to cały naród – ustawicznie Mnie oszukujecie!"*

Gdy popełnimy ciężki grzech okradając Boga z dziesięciny możemy być pewni, że zostaniemy przeklęci. Z drugiej strony, jeśli będziemy posłuszni i zgodnie z przykazaniem Stwórcy przekażemy całą daninę, to znajdziemy się pod Jego opieką i otrzymamy wiele błogosławieństw o mierze dobrej, natłoczonej, utrzęsionej i opływającej (Łk 6,38).

Posłuszeństwo jest rezultatem właściwego zrozumienia

Tylko wtedy, gdy zrozumiemy prawdziwe znaczenie Sowa Bożego, będziemy mogli według niego żyć, a w nagrodę za uczynki otrzymywać liczne błogosławieństwa. Jeśli jednak nie pojmujemy prawdziwego znaczenia Słowa, to nawet mimo starań z naszej strony, nie jesteśmy w stanie stosować się do niego, ponieważ będziemy traktować je jako suchą wiedzę.

Musimy także podejmować wysiłek rozwijania wiary. Jeśli dziecko jest pozbawione pokarmu – umiera. Musi być regularnie odżywiane, poruszać rączkami i nóżkami, widzieć, słyszeć, uczyć się od rodziców i innych. Dopiero wtedy jego mądrość i wiedza będą wzrastać, a w dorosłe życie wejdzie prawidłowo ukształtowany. Tak samo wierzący muszą starać się pojąć prawdziwe znaczenie Słowa Bożego, a nie tylko go słuchać.

Modląc się o posłuszeństwo wobec Słowa Bożego, będziemy mogli zrozumieć jego prawdziwe znaczenie oraz zyskamy niezbędną siłę, która pozwoli nam wytrwać w stosowaniu się do niego.

Na przykład w Liście do Tesaloniczan 5,16-18 Pan nawołuje: *„Zawsze się radujcie, nieustannie się módlcie! W każdym położeniu dziękujcie, taka jest bowiem wola Boża w Jezusie Chrystusie względem was."* Osoby na drugim poziomie wiary modlą się, dziękują i radują się z poczucia obowiązku, ponieważ tak przykazał Bóg. Ponieważ jednak jest to wymuszone, to gdy nie czują się wdzięczni, nie dziękują, a gdy muszą stawić czoła trudnym sytuacjom, nie cieszą się.

Z kolei osoby na trzecim poziomie wiary postępują zgodnie ze Słowem, bowiem stoją mocno na opoce wiary. Wiedzą dlaczego powinni zawsze dziękować, nieustannie się modlić i radować. Toteż zawsze są radośni, wdzięczni i modlą się nieprzerwanie niezależnie od okoliczności.

Dlaczego Bóg przykazał zawsze się radować? Jakie jest prawdziwe znaczenie tego polecenia? Jeśli radujemy się tylko wtedy, gdy spotka nas szczęście, natomiast nie cieszymy się, gdy musimy stawić czoła kłopotom i zmartwieniom, to nie jesteśmy lepsi od ludzi świeckich, którzy nie wierzą w Boga.

Osoby te nieustannie podążają za przedmiotami doczesnymi, ponieważ nie wiedzą, skąd przybył człowiek ani dokąd zmierza. Dlatego radują się, gdy doświadczają w życiu przyjemności lub mają powód do szczęścia. W przeciwnym wypadku czują się przytłoczeni zmartwieniami, obawami, smutkiem i bólem, który ma swoje źródło w tym świecie.

Wierzący natomiast potrafią prowadzić życie zupełnie inne od tych ludzi, ponieważ płonie w nich nadzieja na życie w niebie.

My, wierni, nie musimy martwić się ani obawiać, gdyż naszym prawdziwym Ojcem jest Bóg, Stworzyciel nieba i ziemi, który panuje nad wszystkim. Dlaczego więc mielibyśmy się martwić lub lękać? Co więcej, ze względu na przyszłe życie wieczne w królestwie niebieskim możliwe dzięki Synowi Bożemu, nie pozostaje nam nic innego jak okazywanie radości.

Wiara ludzi, którzy próbują żyć według Słowa Bożego

Jeśli w pełni rozumiemy Słowo Boże, możemy odczuwać radość nawet w chwilach, gdy nie mamy ku temu powodu; dziękować, kiedy moment na dziękczynienie wydaje się nieodpowiedni oraz modlić się nawet wtedy, gdy przychodzi nam to z trudem. Tylko wtedy szatan opuści nas, odejdą nasze zmartwienia i problemy, których wiele zostanie rozwiązanych, ponieważ Bóg jest z nami.

Jeśli mówimy, że wierzymy w Boga Wszechmogącego, ale nadal martwimy się i niechętnie okazujemy radość w obliczu kłopotów, to nadal znajdujemy się na drugim poziomie wiary.

Jeśli jednak nasze serce uległo przemianie, rozumiemy Słowo Boże, cieszymy się oraz jesteśmy wdzięczni z całego serca, to osiągnęliśmy trzeci stopień wiary. Wtedy tak bardzo jak pomagamy innym i kochamy ich, tak opuszcza nas nienawiść, a nasze serce powoli wypełnia się duchową miłością, niezbędną by pokochać swoich wrogów, ponieważ w głębi serca rozumiemy miłość Pana, który niósł krzyż za grzeszników.

Źli ludzie wyszydzali i pastwili się nad Jezusem, a następnie Go ukrzyżowali, choć był dobry i niewinny. Syn Boży nie nienawidził ich, lecz modlił się do Boga, aby zostało im przebaczone. Ostatecznie dał wyraz swojej wielkiej miłości, oddając za grzeszników swoje życie.

Zanim pojęliśmy wielką miłość Pana Jezusa, mogliśmy nienawidzić tych, którzy ranili lub obrażali nas bez powodu. Jednak tak naprawdę to nie człowieka nienawidzimy, ale jego grzech. Poza tym nie zazdrościmy już osobom, które ciężej pracują lub są od nas bardziej wychwalane, lecz radujemy się wraz z nimi i kochamy je jeszcze bardziej. Poprzednio, kiedy usłyszeliśmy Słowo Boże po raz pierwszy, być może wątpiliśmy lub osądzaliśmy je na podstawie własnych przekonań. Teraz akceptujemy je radośnie, bez zwątpienia i oceniania. Na trzecim poziomie wiary żyjemy według Słowa Bożego, jak nam przykazano.

Wiara poparta uczynkami warunkiem otrzymania nagród od Boga

Zanim spotkałem Boga, przez siedem lat cierpiałem na wiele chorób. Doszło nawet do tego, że przezywano mnie żartobliwie „legowiskiem chorób." Aby wyzdrowieć, chwytałem się wszystkiego, lecz na próżno, bo mój stan z dnia na dzień pogarszał się. Medycyna była bezradna i wydawało się, że nie pozostawało mi nic innego jak tylko śmierć.

Jednak pewnego dnia, moc Boża całkowicie mnie uzdrowiła. Poprzez to wspaniałe doświadczenie spotkałem żywego Boga. Od tamtej pory w pełni zaufałem i powierzyłem się Słowu Bożemu. Zacząłem bezwarunkowo wypełniać każde Jego Słowo.

Byłem radosny mimo wielu przeciwności i dziękowałem w każdej sytuacji, tak jak w Biblii przykazał Bóg. Największą przyjemnością było dla mnie udział w niedzielnej mszy świętej i modlitwa. Byłem tak zdeterminowany, aby święcić dzień święty, że aby mieć więcej czasu, odrzuciłem bardzo dobrą ofertę pracy i zatrudniłem się na budowie.

Niemniej jednak nadal byłem radosny i wdzięczny z powodu faktu, że Bóg jest mym Ojcem. Byłem bardzo wdzięczny za okazaną łaskę, gdy przyszedł do mnie, kiedy ciężko chory czekałem na śmierć. Kontynuowałem modlitwę i post, aby w pełni żyć według Słowa Bożego. Pewnego razu usłyszałem głos Boga, który wezwał mnie do służby. Moje serce było posłuszne woli Bożej, więc zdecydowałem się zostać dobrym sługą. Tak oto dziś służę Mu jako pastor.

Dziękuję Bogu Ojcu z całego serca za każdym razem, gdy modlę się klęcząc, idąc ulicą lub rozmawiając z kimś. Tak samo z całego serca czuję nieustającą radość. Troski i kłopoty dotykają każdego, a jako pastor liczącego 100 000 członków kościoła mam wiele pracy i obowiązków. Uczę i szkolę sługi Boże oraz pastorów, ponieważ moja misja na Ziemi polega na wskazaniu niezliczonej ilości ludzi drogi do Pana. Tak nakazał mi Bóg. Szatan stosuje wiele przebiegłych sztuczek, aby zapobiec realizacji planów Bożych i sprawia wiele problemów niejednokrotnie wystawiając mnie na próbę. Nieustannie napotykam na trudności, które mogą być powodem rozpaczy, błagań i zmartwień. Uległbym im, gdyby mną owładnęły lub ogarnął mnie przed nimi strach.

Mimo to nigdy nie poddałem się zmartwieniom i obawom, ponieważ doskonale rozumiem wolę Bożą. Dziękuję Bogu i z radością modlę się niezależnie od rozmiaru napotykanych trudności, a On zawsze działa na rzecz dobra i błogosławi mi jeszcze bardziej.

2. Aż staniemy się opoką wiary

Pozbawione wiary postrzeganie rzeczywistości przez pryzmat strachu i niepokoju jest krzywdzące zarówno dla ducha, jak i zdrowia. Jeśli zrozumiemy duchowe znaczenie przesłania Boga, które brzmi: *„Zawsze się radujcie, nieustannie się módlcie! W każdym położeniu dziękujcie, taka jest bowiem wola Boża w Jezusie Chrystusie względem was"*, będziemy potrafili w każdej sytuacji dziękować Bogu z głębi serca.

Jest to możliwe dzięki mocnej wierze, że naszym życiem możemy zadowolić Boga, kochać Go i zostać wysłuchanym. Jest ona kluczem do rozwiązania naszych problemów, otrzymania błogosławieństw od Pana oraz odcięcia się od szatana. Weźmy przykład kobiety i jej synowej, pomiędzy którymi relacja nie jest najlepsza. Wiedzą, że powinny kochać siebie nawzajem i żyć w pokoju. Co jednak będzie się działo, jeśli będą nawzajem się oskarżać i żywić do siebie urazę? Będą miały trudności nawet z rozwiązaniem jednej sprawy między sobą.

Gdy teściowa obmawia synową przed członkami rodziny oraz sąsiadami, a synowa ośmiesza teściową przed znajomymi, knowaniom i kłótniom nie ma końca, a w domu panuje zamęt.

Co natomiast się stanie, jeśli obydwie postawią się w sytuacji drugiej osoby oraz okażą skruchę za złe uczynki oraz zrozumienie, a następnie przebaczą sobie i się pokochają? W domu zapanuje pokój. Teściowa zacznie dobrze mówić o synowej, gdy tej nie będzie w pobliżu, zaś synowa zacznie chwalić teściową i szanować ją w swoim sercu. Jakże pełna pokoju i miłości więź zrodzi się między nimi! Jest to także sposób, aby być kochanym przez Boga.

Początkowy etap trzeciego poziomu wiary

Powodem, dla którego niektóre osoby nie są w stanie postępować zgodnie ze Słowem, jeśli nawet są przekonane o Jego prawdziwości, jest wymierzony przeciw woli Boga fałsz. Gnieździ się on w sercach i niszczy pragnienie Ducha Świętego. Dlatego na początku trzeciego etapu wiary zaczynamy opierać się i walczyć przeciw grzechowi aż do krwi (Hbr 12,4).

Aby odrzucić grzech, musimy modlić się żarliwie i pościć jak przykazał Jezus: *„Ten rodzaj można wyrzucić tylko modlitwą"* (Mr 9,29). Tylko wtedy otrzymamy od Pana siłę i łaskę, konieczne do życia według Słowa Bożego. Co za tym idzie, na trzecim poziomie wiary odczuwamy pragnienie odrzucenia tego, co Bóg nakazuje nam odrzucić oraz postępowania według biblijnych nakazów.

Czy oznacza to, że każdy, kto dzień święty święci i składa w ofierze dziesięcinę, osiągnął trzeci stopień wiary? Nie, tu nie o to chodzi. Niektórzy mogą uczęszczać na niedzielną mszę świętą oraz ofiarować dziesięcinę, a nadal pozostawać dwulicowi – mogą czynić tak, ponieważ obawiają się prób oraz kłopotów, będących rezultatem nieprzestrzegania tych nakazów lub pragną dobrze wyglądać w oczach pastorów oraz sług Bożych. Prawda jest taka, że jeśli w duchu i prawdzie wielbimy Boga, Jego Słowo staje się słodsze od miodu.

Jeśli jednak niechętnie bierzemy udział w mszy świętej, to usłyszane podczas niej przesłanie zapewne będzie nas nudziło, a w głowie będą krążyć myśli: „Dlaczego ta msza tak długo trwa...." Choć nasze ciało jest świątynią Boga, to sercem jesteśmy gdzie indziej.

Jeśli pójdziemy na nabożeństwo, ale nasze serce, któremu nieustannie przygląda się Bóg, skieruje się w stronę rzeczy przyziemnych, to nie powinniśmy twierdzić, że dochowaliśmy przykazania o święceniu dnia Pańskiego. W tym wypadku będzie to oznaczało, że nadal znajdujemy się na drugim poziomie wiary, jeśli nawet ofiarujemy całą dziesięcinę.

Wielkość wiary dwóch osób może być różna, choćby znajdowali się na tym samym poziomie. Jeśli określimy doskonałą wielkość wiary dla każdego poziomu jako 100%, to wzrost naszej wiary możemy opisać przyrostem procentowym: na początku będzie to 1%, następnie powiększy się kolejno do 10%, 20%, 50% i tak dalej aż osiągnie 100% danego poziomu, by ostatecznie urosnąć o stopień wyżej.

Na przykład przypuśćmy, że wielkość drugiego poziomu wiary zobrazujemy na skali od 1% do 100%. Kiedy wiara zbliża się do wielkości 100%, trzeci poziom zaczyna być dla nas dostępny. Ten sam proces zachodzi na trzecim stopniu wiary, kiedy to po zbliżeniu się wielkości wiary do 100% swoich rozmiarów, mamy możliwość przejścia na stopień czwarty. Z tego względu ważne jest, abyśmy potrafili określić miarę i wielkość naszej wiary.

Opoka wiary

Jeśli nasza wiara na trzecim poziomie osiągnie wielkość większą niż 60%, wtedy mówi się, że stoimy na opoce wiary. W Ewangelii Mateusza 7,24-25 Jezus mówi: *„Każdy więc, kto słucha tych słów moich i wykonuje je, będzie przyrównany do męża mądrego, który zbudował dom swój na opoce. I spadł deszcz ulewny, i wezbrały rzeki, i powiały wiatry, i uderzyły na ów dom, ale on nie runął, gdyż był zbudowany na opoce."* „Opoka" nawiązuje do Jezusa Chrystusa (1 Kor. 10,4), natomiast „opoka wiary" oznacza trwanie w prawdzie, w Synu Bożym. A zatem jeśli osiągnęliśmy 60% wielkości wiary trzeciego poziomu i budujemy ją dalej na opoce, przetrwamy wszelkie problemy i próby, jakie mogą nas spotkać. Kiedy już odkryjemy właściwą drogę lub inaczej mówiąc poznamy wolę Bożą, to dzięki wspieraniu się na opoce wiary, będziemy się jej trzymali do końca.

Zawsze możliwe jest życie pełne sukcesów i wychwalania Boga, pozbawione pokus szatana. Co więcej, niezależnie od prób i kłopotów, będziemy odczuwali płynące z serca radość i wdzięczność, a w nieustannej modlitwie znajdziemy spokój i wytchnienie.

Załóżmy, że nasz syn został ciężko ranny w wypadku drogowym. Choć tragedia jest wielka, to będziemy płakać z powodu płynącej z naszego serca wdzięczności i radowali się, ponieważ umocniliśmy się w prawdzie. Jeśli nawet to my uleglibyśmy wypadkowi, to choćbyśmy zostali trwale okaleczeni, nie będziemy żywili do Boga urazy mówiąc: „Dlaczego Bóg mnie nie ochronił?" Zamiast tego okażemy wdzięczność, za to że

Stwórca ocalił pozostałe części naszego ciała.

W istocie sam fakt, że możemy iść do nieba przez odpuszczenie grzechów jest wystarczającym powodem do okazywania wdzięczności Bogu. Nawet kalecy wejdziemy do nieba, bowiem w królestwie niebieskim wszelkie urazy ciała znikną, a ziemskie ciało przemieni się w doskonałe ciało niebieskie.

Innymi słowy, nie ma powodu do smutku i narzekań. Naturalnie, jeśli posiadamy ten rodzaj wiary, Bóg nieustannie czuwa nad nami. A jeśli nawet Pan dopuści, aby przydarzyło nam się nieszczęście, w rezultacie którego będziemy mogli otrzymać błogosławieństwa, to zawsze możemy zostać całkowicie uzdrowieni według wiary naszej.

Szczęśliwe życie na fundamencie twardej jak skała wiary

Mimo pragnienia życia według Słowa Bożego, osoby na początkowym etapie trzeciego poziomu wiary raz stosują się do niego radością, a innym razem niechętnie. Dzieje się tak, ponieważ ta druga grupa ludzi nie jest jeszcze w pełni uświęcona i w ich sercach rozgrywa się konflikt pomiędzy prawdą, a fałszem.

Na przykład staramy się służyć innym i nie płonąć nienawiścią, ponieważ Bóg poucza nas, abyśmy nie nienawidzili, lecz kochali swoich nieprzyjaciół. Choć z zewnątrz można odnieść wrażenie, że służymy innym, to w środku nie raz odczujemy ciężar na sercu, ponieważ nie kochamy naszych wrogów. Jeśli jednak opieramy się na opoce wiary, szatan nie odniesie sukcesu w kuszeniu lub dręczeniu nas. Nasze pełne prawdy serce z chęcią podąży za Duchem Świętym i opuści nas strach, gdyż będziemy kroczyć otoczeni mocą Boga Wszechmogącego. Będziemy mogli odważnie wyznać wiarę jak młody Dawid, który rzekł do Goliata: *„(...) to wojna Pana, On więc odda was w nasze ręce"* (1 Sm 17,47). To Bóg daje nam zwycięstwo zależnie od naszej wiary. Nic nie jest w stanie nas złamać lub powstrzymać, gdy po naszej stronie stoi Wszechmogący Bóg.

Jeśli zjednoczymy się z Bogiem i dzielimy się z nim miłością, to nasze prośby zostaną wysłuchane w chwili, w której wypowiemy je przepełnieni wiarą i zaufaniem do Boga. Reguła ta jednak nie ma zastosowania w przypadku osób, które rzadko się modlą i nie mają żadnej więzi z Bogiem, które w obliczu problemów pozostawione są same sobie, mimo że oznajmiają: „Pan na pewno podpowie mi rozwiązanie." To tak jakby czekały, aż jabłko samo spadnie z jabłoni. Dlatego właśnie powinniśmy się nieustannie modlić.

W jaki sposób osiągnąć wiarę solidną jak skała?

Niełatwo bokserowi zostać mistrzem. Wyczyn ten wymaga nieustannego wysiłku, anielskiej cierpliwości i świetnej samokontroli. Na początku będzie przegrywał walki jedna za drugą z powodu braku wystarczających umiejętności.

Jednak w miarę treningów umiejętności wzrosną, a bokser zacznie od czasu do czasu oddawać celne ciosy, choć nadal na jedno jego wyprowadzone uderzenie będą przypadały dwa lub trzy otrzymane. W miarę dalszego rozwoju, poprzez nieustanny wysiłek, zacznie wygrywać więcej spotkań, a jego pewność wzrośnie.

Podobnie dobry z angielskiego uczeń nie będzie mógł

doczekać się lekcji języka obcego i będzie bardzo się cieszył biorąc w niej udział. W tej samej sytuacji uczeń słaby będzie się nudził, a zajęcia będą dla niego uciążliwe. Analogicznie wygląda wojna przeciw szatanowi. Gdy znajdujemy się na drugim poziomie wiary, pragnienie Ducha Świętego w nas prowadzi straszliwą wojnę z grzeszną rządzą, ponieważ obydwie siły są jednakowo potężne. To jak walka między dwoma ludźmi o jednakowej sile i umiejętnościach, która sprowadza się do wymiany takiej samej liczby ciosów. Duchowe starcia ze złem przebiegają podobnie. Raz je pokonujemy, kiedy indziej to my jesteśmy pobici.

Jednak jeśli kontynuujemy modlitwę i staramy się stosować do Słowa Bożego bez poczucia zawodu, Bóg obdarowuje nas łaską i siłą, a Duch Święty nas wspiera. W rezultacie pragnienie Ducha Świętego w sercu wzrasta, tak jak rozwija się wiara, aż osiągnie trzeci poziom.

Po tym jak wstąpimy na trzeci stopień wiary, pragnienia grzesznej natury zanikają, zaś życie w wierze staje się prostsze. W miarę nieustannej modlitwy, staje się ona coraz większą przyjemnością. Jeśli na początku byliśmy w stanie modlić się jedynie przez dziesięć minut, to będziemy mogli się modlić minut dwadzieścia, później trzydzieści, a nawet dwie lub trzy godziny.

Osobom początkującym w wierze nie jest łatwo modlić się dłużej niż dziesięć minut, ponieważ nie wiedzą, co mówić. Z tego powodu czują zmęczenie oraz zazdroszczą osobom modlącym się płynnie i bez trudności. Jeśli jednak będziemy cierpliwie kontynuowali i włożymy w nasze starania całe nasze serce, dana nam zostanie siła do modlenia się godzinami. Bóg obdarzy nas łaską i wytrwałością, abyśmy mogli modlić się nieustannie. W ten sposób, wraz z modlitwą dojrzeje nasza wiara. Gdy wzrośnie na trzecim poziomie, stanie się niezachwiana i nie zboczymy z obranej ścieżki, choćbyśmy napotykali jeszcze wiele prób i problemów.

Wzrosnąć ponad opokę wiary

Kiedy wiara jest solidna jak skała, Bóg kocha nas, pomaga w problemach oraz wysłuchuje naszych próśb. Zaczynamy słyszeć głos Ducha Świętego i niezależnie od okoliczności jesteśmy radośni i wdzięczni. Poprzez nieustanną modlitwę stajemy się czujni, ponieważ gościmy w sobie zawarte w sześćdziesięciu sześciu księgach biblijnych Słowo Boże.

Jeśli, drogi czytelniku, jesteś pastorem, prezbiterem lub liderem w kościele, lecz nie słyszysz głosu Ducha Świętego, to musisz wiedzieć, że nie stoisz na opoce wiary. Oczywiście nie oznacza to, że tylko wtedy słyszymy wołanie Ducha Świętego, gdy opieramy się na wierze twardej jak skała.

Nawet początkujący w wierze mogą usłyszeć Jego głos, kiedy postępują zgodnie ze Słowem Bożym. Dzięki posłuszeństwu wobec Słowa po niedługim czasie ich wiara osiągnie taką wielkość, że stanie się opoką.

Odkąd przyjąłem Boga do serca, zacząłem rozumieć łaskę goszczącą w mym sercu, a w miarę poznawania Słowa starałem się je przestrzegać. Dzięki moim wysiłkom byłem w stanie usłyszeć Ducha Świętego. Prowadzony przez Niego byłem tak mocno zdeterminowany, aby żyć według Słowa Bożego, że w razie konieczności, gotów byłem oddać własne życie dla Pana. Dopiero po trzech latach udało mi się wyraźnie usłyszeć głos Ducha Świętego. Oczywiście możliwe jest to po roku lub dwóch, jeśli tylko uważnie czytamy Pismo Święte, rozumiemy je i postępujemy według niego. Jeśli jednak nie będziemy go przestrzegali żyjąc we własnym świecie, to niezależnie od upływu czasu, nie usłyszymy Ducha Świętego.

Są ludzie wierzący, którzy mówią: „Duch Święty mieszkał we mnie, aktywnie służyłem kościołowi i posiadałem dobrą wiarę, a mimo to ona osłabła odkąd duchowo poznałem członka innego kościoła." W takim wypadku nie możemy powiedzieć, że taka osoba miała prawdziwą wiarę i z zaangażowaniem służyła kościołowi.

Co więcej, jeśli naprawdę posiadałaby dobrą wiarę, to na pewno nie porzuciłaby jej i nie upadłaby duchowo z czyjegoś powodu. Ale stało się tak, ponieważ mimo znajomości Słowa Bożego jej wiara była niepopartą czynami wiarą opartą na rozumie.

Nie powinniśmy być na tyle niemądrzy, żeby opuścić kościół, kiedy poznamy jego członków. Jakże godny pożałowania byłby powrót do świata prowadzącego do wiecznej śmierci i zdrada Boga, który zbawił nas od grzechów i dał prawdziwe życie. A wszystko to z powodu uwikłania się w nienajlepszą znajomość z jednym z pastorów, liderów, braci lub sióstr z kościoła!

Jeśli nasza modlitwa ma na celu pokazanie się przed innymi jako modlącego się żarliwie człowieka lub wzmożenie bólu i wrogości do plotkarzy lub oszczerców, to powinniśmy przyznać, że daleko nam do prawdziwej i silnej wiary. Jeśli mielibyśmy tak silną wiarę, to zamiast wrogiego nastawienia, z miłością modlilibyśmy się za te osoby.

W ciągu mojej działalności duszpasterskiej, trwającej od 1982 roku, byłem świadkiem i doświadczyłem wielu nieprzyjemnych chwil w kościele. Patrząc z ludzkiej perspektywy, niektórzy z pastorów lub członków kościoła byli zbyt nikczemni, aby im przebaczyć, lecz nigdy nie czułem do nich wrogości ani nienawiści. Oczekiwałem od nich przemiany. Zamiast skupiać się na złym, starałem się widzieć w nich to, co dobre i co można pokochać.

W ten sposób możemy w pełni stosować się do Słowa i cieszyć się wolnością, którą daje nam prawda, o ile w pełni rozwiniemy wiarę na trzecim poziomie i całkowicie zaufamy Słowu Bożemu. Wtedy będziemy modlić się nieustannie, a radość oraz wdzięczność staną się naszymi codziennymi towarzyszami. Nigdy nie poczujemy smutku. Co więcej, będziemy trwać w Jezusie Chrystusie tak mocno, że nic nas od niego nie odwiedzie.

3. Wytrwała walka z grzechem

W sercach osób znajdujących się na drugim poziomie wiary, rozgrywa się nieustanna bitwa między pragnieniami Ducha Świętego, a pragnieniami grzesznej natury ludzkiej. Jednak osoby na trzecim poziomie wiary potrafią podążać za głosem Ducha Świętego i stłumić grzeszne pragnienia. Dzięki temu wiodą pełne sukcesów życie oparte na Piśmie Świętym.

Na trzecim poziomie wiary łatwo jest wieść życie w

Chrystusie, ponieważ już na drugim poziomie uwolniliśmy się od złych uczynków. Teraz jednak zaczynamy zmagać się aż do krwi z mieszaniną głęboko zakorzenionych złych pragnień, zarówno duchowych jak i cielesnych.

W rezultacie, kiedy osiągniemy pełnię wiary trzeciego poziomu, grzeszne myśli zanikają. Zaczynamy w pełni żyć zgodnie ze Słowem Bożym i cieszymy się wolnością w prawdzie, ponieważ udało nam się pozbyć wszelkiego rodzaju cech typowych dla grzesznej natury.

Znaczenie uwolnienia się od grzesznej natury

Jeśli kochamy Boga i słuchamy Jego Słowa, nie potrzeba wiele czasu, aby nasza wiara dojrzała i osiągnęła trzeci stopień. Jeśli z drugiej strony regularnie chodzimy do kościoła, ale nie staramy się stosować do usłyszanych nauk, skazani jesteśmy na stagnację i zatrzymanie się na poziomie wiary, na którym znajdujemy się w danym momencie.

To tak jak w przypadku dawno niewysiewanego ziarna, które po jakimś czasie po prostu umiera. Nasza dusza także rośnie tylko wtedy, gdy pojmujemy Słowo Boże i zgodnie z nim postępujemy. Dla dobra naszej duszy musimy robić co w naszej mocy, żeby je zrozumieć i stosować się do niego.

Kiedy ziarno dostanie się już do gleby, z łatwością kiełkuje. Należy o nie dbać, bo może umrzeć, gdy przyjdzie burza lub zadepczą je ludzie. My także, kiedy jesteśmy na trzecim poziomie wiary, powinniśmy opiekować się osobami na niższych poziomach, aby prawidłowo rozwijały się w wierze.

Alegoryczne mówiąc, gdy wstępując na trzeci poziom wiary

staniemy się dużym drzewem, nie zwali nas żaden sztorm. Korzenie w pełni rozwiniętego drzewa sięgają głęboko i niełatwo jest je wyrwać, choć jego konary mogą uginać lub łamać się. Tak samo może wydawać się, że w obliczu prób i kłopotów upadniemy, ale szybko będziemy odzyskiwali siły i dalej wzrastali w wierze, ponieważ jej korzenie będą sięgały głęboko.

Nieprzerwany wysiłek, którego celem jest pełnia wiary

Mija dużo czasu, zanim drzewo urośnie, zakwitnie i wyda owoce lub stanie się na tyle duże, że ptaki zaczną wić gniazda w jego konarach. Wprawdzie łatwo rozwinąć wiarę z drugiego poziomu na trzeci, jeśli poweźmiemy silne postanowienie. Jednak jak w przypadku drzewa, tak aby wiara wzrosła z poziomu trzeciego na czwarty, potrzeba czasu. Powodem tego jest konieczność wysłuchania i duchowego zgłębienia Słowa Bożego, a następnie postępowania zgodnie z sześćdziesięcioma sześcioma księgami Biblii. Doskonałe zrozumienie woli Boga Ojca w krótkim czasie nie jest łatwe.

Na przykład, choćby uczeń osiągał świetne wyniki w szkole podstawowej, to nie może po jej zakończeniu od razu pójść na studia lub rozpocząć działalności gospodarczej.

Oczywiście istnieją wyjątki. Są zdolne osoby, które zdają egzaminy w młodym wieku i trafiają od razu na studia, podczas gdy inni nadal muszą się kształcić.

I my, zależnie od włożonego wysiłku, możemy osiągnąć czwarty poziom w krótkim czasie lub zajmie nam to znacznie dłużej. Możemy to porównać do dwóch ludzi, z których jeden pracuje za pomocą małego naczynia, a drugi za pomocą dużego.

Wytężony wysiłek w dążeniu do coraz dojrzalszej wiary za pomocą małego naczynia nie przynosi wielkich rezultatów, mimo że człowiek ten ma nadzieję na dostanie się do nieba, wierzy i rozumie Słowo Boże. Drugiemu z nich przyjdzie to z większą łatwością, ponieważ wie, co jest słuszne i szybko podąża obraną drogą, aż osiągnie swój cel.

Dlatego musimy zrozumieć, jak szalenie istotne jest podejmowanie każdego możliwego wysiłku oraz walka z grzechem aż do krwi, aby wiara jak najszybciej rozwinęła się z poziomu trzeciego na czwarty.

Posługa a walka z grzechem

Walcząc z grzechem, nie wolno zapominać nam o nakazanych przez Boga obowiązkach. W moim kościele była starsza diakonisa, która towarzyszyła mi niemal od czasów założenia kościoła. Po raz pierwszy spotkaliśmy się, gdy przyszła do mojego kościoła wraz z mężem, ponieważ obydwoje byli poważnie chorzy. Pomodliłem się za nich i zostali uzdrowieni.

Od chwili kiedy odzyskali pełnię zdrowia, starała się rozwinąć swoją wiarę, lecz zaniedbała obowiązki starszej diakonisy. Nie walczyła z grzechem z całych sił, a zło nadal kryło się w jej sercu, mimo że uczęszczała do kościoła i słuchała Słowa Bożego już od piętnastu lat. Jej słowa oraz uczynki były nadal typowe dla osób znajdujących się na drugim poziomie wiary.

Na szczęście na kilka miesięcy przed swoją śmiercią obudziła się duchowo i starała się zadowolić Boga, roznosząc kościelny biuletyn wiadomości. Dzięki temu, że pomodliłem się za nią trzykrotnie, w krótkim czasie osiągnęła trzeci poziom wiary.

Wytrwałej walce z grzechem, mającej na celu odrzucenie wszelkiego zła, zawsze powinno towarzyszyć skrupulatne wykonywanie wyznaczonych przez Boga obowiązków tak, aby nasza wiara wzrastała.

Samemu odrzucić wszystkie grzechy jest niezwykle trudno, lecz staje się to bardzo łatwe, gdy otrzymamy niezbędną siłę od Boga w niebie.

Z tego powodu modlę się w imieniu Pana naszego, Jezusa Chrystusa, abyśmy w oczach Boga byli chrześcijanami roztropnymi i pamiętającymi, że Jego moc spływa na tych, którzy zarówno za wszelką cenę starają się odrzucić grzech i wszelkie zło, jak i wykonują nadane przez Pana obowiązki.

Rozdział 7

Wiara ludzi, którzy całym sercem kochają Boga

1
Czwarty stopień wiary

2
Powodzenie duszy

3
Bezwarunkowa umiłowanie Boga

4
Kochanie Boga ponad wszystko

„Kto ma przykazania moje i zachowuje je,
ten Mnie miłuje.
Kto zaś Mnie miłuje,
ten będzie umiłowany przez Ojca mego,
a również Ja będę go miłował i objawię mu siebie."
(Jn 14,21)

Tak, jak wchodzimy po schodach, tak też powinniśmy rozwijać naszą wiarę stopień po stopniu, aż osiągniemy jej pełnię. Na przykład w Liście do Tesaloniczan 5,16-18 napisano: *„Zawsze się radujcie, nieustannie się módlcie! W każdym położeniu dziękujcie, taka jest bowiem wola Boża w Jezusie Chrystusie względem was."* To, w jaki sposób będziemy wypełniali ten nakaz, zależy od wielkości naszej wiary.

Jeśli znajdujemy się na drugim poziomie wiary, to zamiast radości i wdzięczności w obliczu prób i kłopotów, możemy czuć się zniechęceni, ponieważ nie otrzymaliśmy jeszcze wystarczającej siły, aby żyć w zgodzie ze Słowem Bożym. Na trzecim poziomie wiary, po wytrwałej walce z grzechami, jesteśmy już w stanie w pewnym stopniu zachować wdzięczność i radość.

Jeśli nawet nadal znajdujemy się na trzecim poziomie wiary, to w obliczu nieszczęścia mogą zrodzić się w nas wątpliwości lub będziemy wymuszać na sobie radość i wdzięczność, a wszystko dlatego, że jeszcze nie pojmujemy w pełni zamiarów Boga.

Gdy jednak nasza wiara jest jak opoka, a swoimi korzeniami sięga głęboko, to odczujemy radość i wdzięczność niezależnie od okoliczności. Tak samo na wyższym, czwartym poziomie wiary te uczucia wprost zalewają nasze serce i gdy staniemy twarzą w twarz z poważnymi kłopotami, daleko nam do smutku czy gwałtownych zachowań. Wtedy zazwyczaj będziemy starali się przypomnieć sobie, czy przypadkiem nie zrobiliśmy czegoś złego. W rezultacie każdemu, kto osiągnie czwarty stopień wiary, na którym kochamy Boga z całego serca, powodzi się we wszystkim.

1. Czwarty stopień wiary

Wyznanie osoby wierzącej: „Kocham Cię Panie" niesie ze sobą zupełnie inne znaczenie na czwartym stopniu wiary niż to samo stwierdzenie na stopniu niższym. Serce powściągliwie kochające Pana jest czymś innym niż serca, które kocha Go z całej siły. Zgodnie z obietnicą w Księdze Przypowieści Salomona 8,17: „*Miłuję tych, którzy mnie miłują, a którzy mnie gorliwie szukają, znajdują mnie*", Bóg może spełnić wszystkie prośby tych, którzy kochają Go z całego serca.

Kochać Pana z całego serca

Praojcowie wiary, którzy całym sercem miłowali Boga, byli pełni nieskończonej radości i szczerej wdzięczności, nawet gdy cierpieli, choć nie zrobili niczego złego. Na przykład prorok Daniel dziękował Bogu i w wierze modlił się do Niego, mimo że z woli złych ludzi za chwilę miał zostać wrzucony do lwiej jamy.

Bogu podobała się wiara Daniela, wysłał więc aniołów, by zamknęły lwom paszcze i nakazał im, aby go chroniły. Tak oto Daniel dał świadectwo na chwałę Boga (Dan. 6,10-27).

Innym razem trzej przyjaciele Daniela wyznali wiarę w Boga przed królem Nabuchodonozorem, choć za to, że nie chcieli czcić i oddać pokłonu przed złotym posągiem, mieli być

Wiara ludzi, którzy całym sercem kochają Boga 121

wrzuceni do rozpalonego pieca. W Księdze Daniela 3,17-18 wyznają: „*Jeżeli nasz Bóg, któremu służymy, może nas wyratować, wyratuje nas z rozpalonego pieca ognistego i z twojej ręki, o królu. A jeżeli nie, niech ci będzie wiadome, o królu, że twojego boga nie czcimy i złotemu posągowi, który wzniosłeś, pokłonu nie oddamy.*" Cała trójka nieustępliwie ufała Wszechmogącemu i z uporem wyznała swoją gotowość do śmierci dla Boga, któremu służyli, nawet gdyby Ten nie ocalił ich przed płomieniami.

Służyli do końca, nie żądając nic w zamian, ani nie skarżyli się Bogu, choć stanęli w obliczu próby, która bez znaczącego powodu zagrażała ich istnieniu. Nadal radowali się i dziękowali za łaskę Boga, ponieważ każdy z nich był świadomy, że w przypadku śmierci w płomieniach, wstąpi do nieba wprost w objęcia kochającego Ojca. Widząc okazaną wiarę, Bóg ochronił ich przed ogniem i nawet pojedynczy włos nie spadł im z głowy. Na widok tak cudownego prowadzenia Bożego król przestraszył się, po czym oddał cześć Panu, a trójkę przyjaciół Daniela awansował na wyższe stanowiska od tych, które dotychczas piastowali.

Rozważmy następujący przykład: podczas jednej z wielu podróży ewangelizacyjnych, Paweł i Sylas zostali pojmani przez złych ludzi, a następnie brutalnie wychłostani i wrzuceni do ciemnego lochu. W nocy modlili się i dziękowali Bogu. Wtem nastąpiło trzęsienie ziemi i drzwi lochu otworzyły się (Dz.Ap. 16,19-26). Załóżmy, że tak jak oni cierpimy bez powodu. Czy potrafimy cieszyć się i dziękować z całego serca? Jeśli teraz w wyobraźni stanął nam obraz nas samych pełnych niepokoju, złości lub wybuchających gniewem, to musimy zdać sobie sprawę, że daleko nam jeszcze do wiary twardej jak skała. Bo gdy wiara jest opoką, zawsze będziemy cieszyć się i dziękować z całego serca, niezależnie od problemów i prób, którym zostaniemy poddani. Będzie to wynikało ze zrozumienia zamiarów Boga. Jeśli mamy wrażenie, że cierpimy niesprawiedliwie, to musi kryć się za tym jakaś przyczyna, jednak dzięki pomocy Ducha Świętego jesteśmy w stanie ją określić oraz cieszyć się i okazywać wdzięczność.

Weźmy pod uwagę Dawida, największego z królów Izraela. Z powodu rebelii wywołanej przez jego syna Absaloma, został zdetronizowany i ratował się ucieczką, by następnie żyć z dala od domu i zmagać się z głodem. Co więcej Dawid został obrzucony kamieniami oraz wyklęty przez szarego człowieka z ludu zwanego Szymei. Jeden ze sług królewskich poprosił o pozwolenie, aby zabić tego śmiałka, jednak Dawid nie zgodził się, mówiąc: *„Zaniechajcie go, niech złorzeczy, gdyż Pan mu tak nakazał"* (Sam. 16,11).

Co więcej, Dawid nigdy nie wypowiedział słowa skargi podczas prób, którym był poddawany. Nadal mocno kochał Boga, ufał Mu i wierzył w Niego. Podczas natężenia problemów był w stanie napisać przepiękne i pełne pokoju słowa pochwalne, które dziś możemy przeczytać w Psalmie 23.

Dawid zawsze wierzył, że Bóg pragnie dla niego tego co najlepsze. Kiedy nawet stawiał czoła wielu przeciwieństwom losu, rozumiał wolę Pana i dziękował, roniąc łzy radości.

Gdy próby dobiegły końca, stał się ulubieńcem Boga. Zdołał uczynić z Izraela jedno z najpotężniejszych królestw, któremu sąsiadujące ludy płaciły trybut. W ten oto sposób Bóg, gdy dostrzegł wiarę Dawida, obsypał go błogosławieństwami i sprawił, że wszystko obróciło się na jego korzyść.

Słuchajmy Pana z radością i umiłowaniem

Załóżmy, że pewna kobieta i mężczyzna chcą się wkrótce pobrać. Kochają się tak bardzo, że oddaliby za siebie życie. Każde z nich chce dać drugiemu wszystko co najlepsze, nawet własnym kosztem.

Pragną być ze sobą tak często i długo jak to tylko możliwe. Nie zwracają uwagi na zimno, gdy spacerują razem spowitą śniegiem drogą lub podczas porywistej burzy. Nie czują zmęczenia, gdy całą noc rozmawiają ze sobą przez telefon.

Jeśli kochamy Pana z całego serca tak, jak kochają się zakochani ludzie, którzy wkrótce chcą się pobrać, a nasze serce pozostaje Mu wierne, to znajdujemy się na czwartym poziomie wiary. Jak możemy okazać naszą miłość Bogu? W jaki sposób Pan mierzy naszą miłość?

W Ewangelii Jana 14,21 Jezus mówi: *„Kto ma przykazania moje i przestrzega ich, ten mnie miłuje; a kto mnie miłuje, tego też będzie miłował Ojciec i Ja miłować go będę, i objawię mu samego siebie."*

Jeśli kochamy Boga, powinniśmy przestrzegać przykazania. Stanowi to dowód naszej miłości do Pana. Jeśli Go naprawdę kochamy, On w zamian będzie kochał nas, a my doświadczymy dowodów tej miłości. Przeciwnie, jeśli nie będziemy stosować sie do przykazań, nie zyskamy Jego przychylności, ani nie otrzymamy Bożych błogosławieństw.

Czy naprawdę kochamy Pana? Jeśli tak, to na pewno

będziemy przestrzegali Jego przykazań i wielbili Go w duchu i w prawdzie. Nigdy nie będziemy się nudzić ani przysypiać, słuchając Jego przesłania. Jak możemy twierdzić, że kochamy, jeśli zasypiamy, gdy do nas mówi? Jeśli naprawdę kochamy naszego partnera, już słuchanie samego jego głosu jest dla nas źródłem radości.

Tak samo, jeśli prawdziwie kochamy Boga, będziemy szczęśliwi i radośni, słuchając Jego Słowa. Gdy tak nie jest, oznacza to, że nie darzymy Go miłością. W 1 Liście Jana 5,3 jest napisane: *„Na tym bowiem polega miłość ku Bogu, że się przestrzega przykazań jego, a przykazania jego nie są uciążliwe."*

Zaprawdę miłującym Boga nie sprawia trudności przestrzeganie przykazań. Dlatego w chwili, kiedy posiądziemy wiarę wystarczającą, by prawdziwie pokochać Boga, będziemy mogli całkowicie przestrzegać Jego przykazań. Zamiast stosować się do nich niechętnie i z poczuciem przytłoczenia, będziemy wcielać je w życie z wiarą i olbrzymią miłością.

Dodatkowo na czwartym poziomie wiary, z radością żyjemy w zgodzie z każdym Słowem Bożym, ponieważ kochamy Pana i pragniemy dawać oraz czynić dla Niego wszystko tak, jak pragnie tego zakochany człowiek dla swojego życiowego partnera.

Szatan nie może nas skrzywdzić

Poprzez zupełne posłuszeństwo Słowu Bożemu, ludzie kochający Boga całym sercem zostają w pełni uświęceni. W 1 Liście do Tesaloniczan 5,21-22 jest napisane: *„Wszystkiego doświadczajcie, co dobre, tego się trzymajcie. Od wszelkiego rodzaju zła z dala się trzymajcie."*

Jak nagradza nas Bóg, kiedy nie tylko z dużym poświęceniem odrzucamy grzechy, ale także wyzbywamy się wszelkiego zła? W jaki sposób okazuje nam swoją miłość? Pan, który nagradza nas według naszych uczynków, obiecuje wiele błogosławieństw tym, którzy osiągną świętość i czystość.

Po pierwsze, jak podaje 1 List Jana 5,18: „*Wiemy, ze żaden z tych, którzy się z Boga narodzili, nie grzeszy, ale że Ten, który z Boga został zrodzony, strzeże go i zły nie może go tknąć*", musimy narodzić się z Boga. Nastąpi to wtedy, gdy starając się żyć zgodnie ze Słowem Bożym, przestaniemy popełniać grzechy i całkowicie je odrzucimy. Wtedy znajdziemy się pod opieką Boga, a szatan nie będzie mógł nas skrzywdzić.

Po drugie w 1 Liście Jana 3,21-22 Pan obiecuje nam: „*Umiłowani, jeśli serce nas nie oskarża, mamy ufność wobec Boga, i o co prosić będziemy, otrzymamy od Niego, ponieważ zachowujemy Jego przykazania i czynimy to, co się Jemu podoba.*" Nasze serce nie potępia nas, kiedy działamy na chwałę Boga, nie tylko poprzez przestrzeganie Jego przekazań, ale i odrzucenie wszelkiego zła.

Miejmy zaufanie do Boga, a otrzymamy od Niego to, o co będziemy prosić. Pan nie kłamie ani nie zmienia zdania. Spełnia wszystkie dane obietnice i każde swoje słowo (4 Moj 23,19).

Na początku mojej drogi z Jezusem, czułem się zawiedziony, gdy czytanie Pisma Świętego lub nabożeństwa kultowe trwały krótko. Pragnąłem wiedzieć więcej o woli Boga i otrzymać Jego łaskę. Zdołałem osiągnąć pełnię wiary w krótkim czasie, bo robiłem wszystko, żeby żyć według Słowa Bożego już w chwili jego poznania.

W rezultacie jestem dziś gotów oddać wszystko Bogu, nawet

moje życie wraz z duszą, sercem i umysłem, oraz żyć według Słowa, aby tylko kochać Pana z całego serca ku Jego zadowoleniu. Nawet dając mu wszystko co mam, nie opuszcza mnie nigdy pragnienie dawania Mu jeszcze więcej. Odkąd nauczyłem moją żonę i dzieci żyć w ten sposób, oni również poświęcili siebie Panu z całego serca. Jeśli życie chrześcijanina jest dla nas uciążliwe, musimy jeszcze bardziej starać się wielbić Pana duszą oraz pragnąć Słowa Bożego.

2. Powodzenie duszy

Osoby na czwartym poziomie zawsze pragną żyć według Słowa Bożego, ponieważ wyznają wiarę całym swoim sercem i nieustannie zastanawiają się: „Co mogę zrobić, aby podobać się Panu?" Płynącą z serca wiarę popierają uczynkami, ponieważ kochają Boga ponad wszystko.

W 3 Liście Jana 1,2 czytamy: *„Umiłowany, życzę ci wszelkiej pomyślności i zdrowia, podobnie jak doznaje powodzenia twoja dusza."* Co to znaczy, że „dusza doznaje powodzenia"? Jakie otrzymujemy błogosławieństwa?

Dusza doznaje powodzenia

Podczas aktu stworzenia człowieka, Bóg tchnął w niego tchnienie życia, aby posiadł ducha żywego. Tak oto człowiek ma ducha, poprzez którego może zjednoczyć się z Bogiem; duszę, nad którą panuje duch; oraz ciało, w którym z duchem zamieszkuje dusza. Dzięki temu możemy żyć wiecznie (1 Moj.

2,7; 1 Tes. 5,23). Osoba, której dusza dostępuje powodzenia, może panować nad wszystkim i żyć wiecznie tak, jak pierwszy człowiek Adam, który rozmawiał z Bogiem i wypełniał Jego wolę.

Jednak Adam, w wyniku złamania nakazu Boga, utracił wszystkie przywileje i błogosławieństwa. Pan nakazał mu: *„Z wszelkiego drzewa tego ogrodu możesz spożywać według upodobania; ale z drzewa poznania dobra i zła nie wolno ci jeść, bo gdy z niego spożyjesz, niechybnie umrzesz"* (1 Moj. 2,16-17), lecz Adam zjadł owoc z drzewa poznania dobra i zła. W konsekwencji został wypędzony z raju, a łączący go z Bogiem duch umarł.

To, że „jego duch zmarł", nie oznacza śmierci ostatecznej, lecz duchowe zniedołężnienie. Ponieważ pierwszy człowiek sam był duchem żywym, mógł rozmawiać z Bogiem, który jest Duchem.

Duch powinien panować nad Adamem, ale ze względu na obumarcie, rolę tę przejęła dusza. Po śmierci ducha, Adam utracił kontakt z Bogiem. Stał się człowiekiem z duszą, która zajęła miejsce ducha i odtąd to ona panowała nad nim.

„Dusza" odnosi się do wszelkiego rodzaju pamięci, łącznie z mózgiem. Pojęcie to obejmuje także myśli przywoływane na podstawie pamięci. Taki człowiek nie polega już na Bogu, lecz na ludzkiej wiedzy i teorii. Na skutek nieustającego wpływu szatana na ludzkie myśli, czyli duszę, wkrada się do niej zło i nieprawość. Zepsucie świata jest proporcjonalne do stopnia, w jakim zło posiadło duszę człowieka. Każde następne pokolenie jest coraz bardziej splamione grzechem i zdemoralizowane.

Pierwszy człowiek posiadał ducha zupełnie jak Pan Bóg. Cieszył się życiem wiecznym, ponieważ duch służył Mu i mógł kontaktować się z Bogiem. Gdy ciemność jak strzała przeszyła dotychczas przepełnione światłem prawdy serce Adama, stopniowo szatan, pan ciemności, zaczął przejmować nad nim kontrolę.

W rezultacie potomkowie Adama stali się jak zwierzęta, które posiadają tylko duszę i ciało. Przyszło im żyć w różnego rodzaju fałszu: kłamstwie, nienawiści, morderstwie, zazdrości i zawiści, które wszystkie są wbrew Słowu Bożemu (Kazn. 3,18).

Mimo to pełen miłości Bóg, poprzez swojego jedynego syna Jezusa Chrystusa, otworzył drogę do zbawienia oraz ofiarował Ducha Świętego tym, którzy przyjęli Syna Bożego do serca, aby ich martwy duch wrócił do życia. Kto na mocy Jezusa Chrystusa otrzyma Ducha Świętego, tego duch ożyje. Co więcej, jeśli człowiek zezwoli na poczęcie w sobie ducha z Ducha Świętego, stopniowo zacznie on przejmować kontrolę w sercu.

Taka osoba może czerpać korzyści ze wszystkich błogosławieństw, z których cieszył się pierwszy człowiek, gdyż jej duszy się powodzi, co znaczy, że jej duch stał się panem, a dusza jest mu posłuszna. Jest to nic innego jak proces wzrostu wiary, któremu towarzyszy powodzenie duszy.

W chwili przyjęcia Jezusa Chrystusa do serca i otrzymania Ducha Świętego, wchodzimy na pierwszy stopień wiary. Następnie, poprzez zwycięstwo w straszliwej walce, jaka rozgrywa się pomiędzy wspieranym przez Ducha Świętego naszym duchem, a kierującą się grzesznymi pragnieniami duszą, możemy żyć według Słowa Bożego i wzmocnić naszą wiarę tak, aby stała się opoką. Jeśli osiągniemy czwarty stopień wiary, stajemy się podobni Panu i zostajemy uświęceni, ponieważ nasz duch panuje nad nami.

Duch, który panuje nad duszą

Kiedy dusza słucha ducha jak posłuszny panu sługa, mówi się, że „duszy powodzi się." Wtedy, zgodnie z tym co mówi List do Filipian 2,5: „*Takiego bądźcie względem siebie usposobienia, jakie było w Chrystusie Jezusie*", w naturalny sposób nasze serce staje się podobne sercu Pana.

Kiedy duch panuje nad duszą, Duch Święty w pełni kieruje naszym sercem. W rezultacie postępujemy zgodnie ze Słowem Bożym i nie musimy już więcej polegać tylko na własnych myślach. Inaczej mówiąc, możemy całkowicie przestrzegać Słowo Boże, ponieważ pozbyliśmy się przyziemnych myśli i nasze serce stało się prawdą samą w sobie.

Odtąd prowadzi nas Duch Święty. Dzięki Niemu możemy uciec przed wszelkiego rodzaju kłopotami i niebezpieczeństwami. Jeśli nawet miałaby to być katastrofa naturalna czy niespodziewany wypadek, to usłyszymy głos Ducha Świętego, ostrzegający nas przed zagrożeniem i kierujący do bezpiecznego miejsca.

Dlatego kiedy odczuwamy błogosławieństwa, na wszelkie sposoby i z posłusznym sercem staramy się podążać ścieżką Pana. Kieruje On naszymi myślami i sercem, prowadzi nas nieustannie i błogosławi dobrym zdrowiem.

W 5 Księdze Mojżeszowej napisano na ten temat następujące słowa:

„*I spłyną na ciebie, i dosięgną cię wszystkie te błogosławieństwa, jeżeli usłuchasz głosu Pana, Boga twego. Błogosławiony będziesz w mieście, błogosławiony będziesz na polu. Błogosławione będzie twoje potomstwo, plon twojej ziemi, rozpłód twego bydła, miot twojej rogacizny i przychówek twoich trzód. Błogosławiony będzie twój kosz i twoja dzieża; Błogosławione będzie twoje wejście i twoje wyjście"* (5 Moj. 28,2-6).

Fragment ten mówi nam, że osoby, których duszom się powodzi i które przestrzegają Słowo Boże, otrzymają zarówno życie wieczne w niebie, jak i wiele błogosławieństw związanych ze zdrowiem, dobrami materialnymi i ogólnym powodzeniem na tym świecie.

We wszystkim może się nam powodzić

Józef, syn Jakuba, znalazł się w rozpaczliwej sytuacji – jego bracia sprzedali go i został zabrany do Egiptu, gdzie trzymano go w niewoli, choć nie zrobił niczego złego.

Mimo przeciwności losu Józef nie poddawał się, lecz powierzył się w opiekę Bogu. Ze względu na jego wielką wiarę, Pan osobiście zajął się wszystkim i przygotował dla Józefa to, co było mu potrzebne. Józefowi zaczęło się powodzić i dostąpił zaszczytu, zostając zarządcą całego Egiptu.

Mimo, że w młodym wieku został wywieziony do Egiptu i wrzucony do lochu, Józef ostatecznie otrzymał bardzo wysokie stanowisko. Wykorzystując swą władzę, ocalił nie tylko swoją rodzinę, ale i zabezpieczył Egipcjan przed siedmioma latami nieurodzaju. Co więcej, położył podwaliny pod przyszłe miejsce osiedlenia się Izraelitów. Dziś na ziemi żyje więcej niż sześć miliardów ludzi. Pośród nich więcej niż miliard wierzy w Jezusa Chrystusa. Jeśli pośród tylu chrześcijan znajdują się niesplamione grzechem dzieci Boże, to jak bardzo musi kochać je Bóg! Jest z nim nieustannie i błogosławi w każdy sposób. Gdy napotykają na trudności, kieruje ich sercem i prowadzi ku modlitwie. Gdy się modlą, sprawiedliwy Bóg wysłuchuje i spełnia ich prośby.

Kilka lat temu poproszono mnie o wygłoszenie przemówienia na Konferencji Ewangelizacyjnej w Los Angeles. Przed odlotem odczułem silną potrzebę modlitwy za konferencję. Kierowany przeczuciem, modliłem się przez dwa tygodnie w domu modlitwy w górach. Do dnia przybycia do Los Angeles nie wiedziałem, dlaczego Bóg nakazał mi się modlić za konferencję.

Okazało się, że szatan namówił złych ludzi do zbojkotowania konferencji. Ich działania doprowadziły niemal do jej odwołania. Jednak dzięki modlitwie mojej i członków mojego kościoła, Bóg zawczasu zniweczył ich przebiegłe plany.

Dlatego tuż przed moim przylotem do Los Angeles, konferencja była gotowa i mogła odbyć się zgodnie z zamierzeniami. Co więcej, dzięki odmówieniu modlitwy przed Radą Miejską miasta Los Angeles, miałem niezwykłą okazję, aby uwielbić Pana. Otrzymałem także honorowe obywatelstwo miasta, które po raz pierwszy w historii zostało przyznane rodowitemu Koreańczykowi.

W ten sposób Ci, których duszy się powodzi, ufają Bogu. Gdy zawierzymy Mu w modlitwie, a nie będziemy polegać jedynie na swoim umyśle, woli lub planach, Pan pokieruje nami i poprowadzi ku temu, co dobre.

Jeśli nawet wpadniemy w kłopoty, Bóg będzie nam sprzyjał. Wystarczy w obliczu problemów dziękować Panu, co będzie dowodem naszej wiary, że dzieje się tak z Jego woli. Czasem popadniemy w tarapaty z powodu naszych własnych, niemających związku z Bogiem, działań. Lecz nawet wtedy Stwórca nam pomoże, jeśli tylko uświadomimy sobie popełniony błąd i okażemy skruchę.

Zdać się na Ducha Świętego

Wiara twarda niczym skała jest równoznaczna z brakiem wątpliwości w istnienie Boga, w to, że wysłuchuje On nasze modlitwy, w zmartwychwstanie i akt stworzenia. Dlatego, kiedy jesteśmy poddani próbie, niech wiara nas nie opuszcza. Cieszmy się, módlmy i składajmy dzięki Bogu.

Ponieważ Duch święty nadal nie kontroluje 100% naszego serca, ponieważ nie zostaliśmy jeszcze w pełni uświęceni, czasami nie jesteśmy w stanie dokładnie określić czy głos, który słyszymy, jest Jego głosem. Możemy poczuć się zdezorientowani, gdyż nadal mieszkają w nas przyziemne myśli.

Na przykład, pewnego dnia odkrywamy coś, co chcemy robić i zakładamy firmę. Modlimy się o rozpoczęcie i powodzenie przedsięwzięcia i jesteśmy pewni, że Bóg wysłucha naszych próśb. Na początku wszystko idzie po naszej myśli, jednak później jest coraz gorzej. Wtedy zdajemy sobie sprawę, że to nie głos Ducha Świętego słyszeliśmy, lecz kierowaliśmy się własnymi myślami.

Dlatego osoby, których wiara jest jak opoka w większości przypadków odnoszą sukcesy, ponieważ rozumieją prawdę i żyją według Słowa Bożego. Nie są jednak jeszcze doskonałe w wierze, gdyż nie weszły na stopień, w którym mogłyby zdać się we wszystkim na Boga. Co cechuje osoby na czwartym stopniu wiary? Na pewno żyją zgodnie ze Słowem Bożym. Co więcej przemieniła ich już prawda, która stała się nieodłączną częścią ich ciała i serca. Serce stało się duchem, który włada duszą. Dlatego ludzie ci nie kierują się już własnymi myślami, lecz polegają na Duchu Świętym. Dzięki temu, że za pomocą Ducha Świętego prowadzi ich Bóg, powodzi im się we wszystkim.

Kiedy modlimy się za pomyślność i wytrwale oczekujemy chwili, w której Duch Święty wskaże nam drogę, to zostaniemy bezbłędnie poprowadzeni do celu. W 1 Księdze Mojżeszowej 12 podany jest przykład Abrahama, który za nakazem Stwórcy opuścił swoje rodzime ziemie, mimo że nie miał pojęcia, gdzie się kieruje. Jednak dzięki posłuszeństwu wobec woli Bożej, otrzymał błogosławieństwo i stał się praojcem wiary oraz przyjacielem Boga.

Dlatego nie mamy czego się obawiać, kiedy kieruje nami Wszechmogący. Jeśli obdarzymy Go zaufaniem i będziemy za Nim podążali, to będziemy mogli w pełni cieszyć się z Jego błogosławieństw.

Posłuszeństwo doskonałe

Po wstąpieniu na czwarty stopień wiary wszelkie nakazy Boga wykonujemy z radością, ponieważ kochamy Go z całego serca. Nie robimy tego z niechęcią ani tym bardziej z przymusu, lecz z własnej woli i z zadowoleniem, którego źródłem jest miłość.

Aby lepiej to zrozumieć, posłużmy się przykładem. Załóżmy, że popadliśmy w ogromne długi. Jeśli szybko ich nie spłacimy, to zgodnie z prawem zostaniemy ukarani. Dodatkowo ktoś z naszej rodziny powinien przejść natychmiastową operację, a my okażemy się bezduszni, jeśli nie wspomożemy go finansowo.

Jak zareagowalibyśmy w takiej sytuacji, gdybyśmy przypadkowo natknęli się na ulicy na wielki diament? Nasze zachowanie zależałoby od wielkości naszej wiary.

Jeżeli osiągnęliśmy pierwszy konieczny do otrzymania zbawienia stopień wiary prawdopodobnie pomyślimy: „Dzięki niemu oddam długi i opłacę operację." Zrobimy tak, ponieważ jeszcze nie znamy dobrze Słowa Bożego. Sprawdzimy czy nie ma kogoś w pobliżu i zabierzemy drogocenny kamień.

Jeżeli osiągnęliśmy drugi poziom wiary, na którym staramy się przestrzegać Słowa Bożego, stoczymy duchowa bitwa pomiędzy pragnieniem naszej grzesznej natury nakazującym: „To znak od Boga", a pragnieniem Ducha Świętego mówiącym „Nie, to kradzież. Musisz zwrócić diament właścicielowi."

W pierwszej chwili możemy zwlekać i zastanawiać się, czy powinniśmy odnieść go na policję, czy zabrać ze sobą, jednak ostatecznie włożymy go do kieszeni, ponieważ zło w nas jest jeszcze zbyt silne. Gdybyśmy nie mieli długu na głowie i sytuacji wymagającej natychmiastowej pomocy z naszej strony, to po chwili wahania prawdopodobnie przekazalibyśmy znaleziony skarb odpowiednim władzom. Jednak w obliczu wydawałoby się beznadziejnej sytuacji, tkwiące w nas zło zwycięży.

Na trzecim stopniu wiary, gdy jest ona mocna jak skała, kierowani pragnieniem Ducha Świętego odniesiemy cenny kamień na policję, aby wrócił do prawowitego właściciela. Mimo to w duchu być może będziemy tego żałować, myśląc: „Mogłem dzięki niemu spłacić dług i zapłacić za operację!" Nadal tli się w nas fałszywe pragnienie, dlatego nasze czyny nie są jeszcze doskonałe.

Jak natomiast w takiej sytuacji zachowamy się w sytuacji, kiedy osiągnęliśmy już czwarty poziom wiary? Nawet nie zapragniemy wartościowego diamentu, ponieważ w naszym sercu nie będzie fałszu, a tego rodzaju myśl nie przejdzie nam nawet przez głowę. Poczujemy współczucie dla osoby, która zgubiła drogocenny kamień. W naszej głowie pojawi się myśl: „Musi być teraz załamany! Założę się, że wszędzie go teraz szuka. Zaniosę go od razu na policję!" I tak też zrobimy.

Tak oto, jeśli kochamy Boga ponad wszystko i znajdujemy się na czwartym stopniu wiary, zawsze przestrzegamy praw Bożych bez względu na to, czy ktoś nas wtedy widzi. W powyższej sytuacji nie musimy starać się, aby odróżnić głos Ducha Świętego od grzesznych myśli.

Zanim wiara nasza umocni się, doświadczymy wielu trudności. Będzie się tak działo, gdyż nie łatwo nam odróżnić własne myśli od głosu Ducha Świętego. Jeśli nawet stoimy na opoce wiary, rozpoznanie ich może być tylko częściowe.

Kiedy osiągniemy już czwarty stopień wiary, nie będzie powodu, abyśmy czuli jakiekolwiek brzemię. Pozostaje nam tylko słuchać głosu Ducha Świętego, który odtąd w 100% pokieruje naszym sercem i umysłem.

Co więcej, na tym poziomie wiary przestajemy opierać się na ludzkich myślach, wiedzy lub doświadczeniu. Zamiast tego opieramy się na Bogu, który nas prowadzi. W rezultacie możemy cieszyć się z błogosławieństw „Jehovah-jireh" (Boga, który zaopatruje) oraz powodzenia w życiu.

3. Bezwarunkowe umiłowanie Boga

Na czwartym stopniu wiary nasza miłość do Boga jest bezwarunkowa. Głosimy ewangelię oraz wiernie wykonujemy obowiązki dzieci Bożych, nie spodziewając się nagrody, ponieważ wiemy, że tak jest właściwie. To jak miłość ofiarna, którą darzymy bliźnich. Pomagamy, nie oczekując wdzięczności, ponieważ bardzo kochamy ich duszę.

Czy rodzice proszą dzieci, aby te odwzajemniały ich miłość? Nigdy tego nie robią, ponieważ miłość jest dawaniem. Rodzice są wdzięczni i radośni, ponieważ mają dzieci, które mogą kochać. Jeśli rodzice pragną, aby ich dzieci wykonywały polecenia lub wychowują pociechy tylko po to, aby się chwalić, oznacza to, że oczekują odwzajemnienia miłości.

Tak samo dzieci nie oczekują niczego od rodziców, jeśli ich prawdziwie kochają. Gdy wykonują swoje obowiązki i starają się czynić dobro swoim rodzicom, rodzice sami z siebie często się zastanawiają: „Co możemy im ofiarować?"

Podobnie jest, kiedy nasza wiara osiąga taką wielkość, że kochamy Pana z całego serca. Sam fakt otrzymania łaski zbawienia staje się dla nas wystarczający, aby dziękować Bogu. Czujemy, że nie mamy możliwości odwdzięczenia się za Jego łaskę i nie pozostaje nam nic innego, jak kochać Go bezwarunkowo.

Dlatego, jeśli nasza wiara pozwala nam na bezwarunkowe

umiłowanie Boga, zaczynamy modlić się, pracować i służyć za dnia i w nocy na rzecz królestwa Bożego, nie oczekując w zamian żadnej zapłaty.

Kochać Boga niezmiennie

Fragment Dziejów Apostolskich 16,19-26 opisuje historię Pawła i Sylasa. Mimo że dotychczas wiedli prawe życie, nawracając pogan i wypędzając demony, zostali pochwyceni przez złych ludzi i zaciągnięci na rynek. Zdarto z nich szaty, brutalnie wychłostano i wtrącono do więzienia. W ciemnej zimnej celi ich stopy zakuto w dyby. Co zrobilibyśmy, będąc na ich miejscu?

Na pierwszym stopniu wiary narzekalibyśmy „Boże, czy ty naprawdę istniejesz? Dotychczas służyliśmy Ci wiernie. Dlaczego więc pozwalasz, by wtrącono nas do lochu?"

Na trzecim poziomie wiary nigdy nie wypowiedzielibyśmy takich słów, lecz nasza modlitwa nadal byłaby naznaczona żalem: „Boże, Ty widziałeś jak upokorzono nas, gdy głosiliśmy dobrą nowinę. Wszystko to jest takie bolesne. Uzdrów i uwolnij nas!"

Jednak Paweł i Sylas, choć niepewni przyszłości i w opłakanym stanie, nadal dziękowali Bogu i chwalili Go. Wtem trzęsienie ziemi poruszyło fundamentami więzienia. Drzwi we wszystkich celach stanęły otworem, a ludzie zostali uwolnieni ze swoich więzów. Co więcej, jeden z więźniów wraz z rodziną uznał Jezusa Chrystusa za Zbawiciela i dostąpił zbawienia.

Podsumowując, osoby na czwartym poziomie wiary potrafią w każdej sytuacji wielbić Pana i się modlić, ponieważ ich wiara jest mocna.

Służyć z radością

W 1 Księdze Mojżeszowej 22 Bóg nakazuje Abrahamowi złożyć syna Izaaka w ofierze całopalnej. Izaak był błogosławieństwem od Boga, które otrzymał Abraham w zamian za swą wielką wiarę. Natomiast ofiara całopalna polegała na poćwiartowaniu zwierzęcia i położeniu go na ołtarzu na drwach, które następnie podpalano.

Trzy dni zajęło Abrahamowi przybycie do kraju Moria, gdzie według przykazu Pana miał złożyć Izaaka w ofierze całopalnej. O czym Abraham mógł myśleć podczas trzydniowej podróży? Niektórzy twierdzą, że bił się z myślami: „Czy powinienem posłuchać nakazu, czy też nie?" Jednak było zupełnie inaczej. Musimy pamiętać, że na trzecim poziomie wiary staramy się kochać Boga, ponieważ sądzimy, że tak trzeba.

Tymczasem na czwartym poziomie nie musimy starać się kochać, lecz po prostu kochamy Go. Pan zawczasu przewidział, że Abraham z radością wypełni Jego polecenie, dlatego poddał jego wiarę próbie. Niemniej jednak, Bóg nie stawia tak trudnych wyzwań przed osobami, które nie są jeszcze gotowe na całkowite posłuszeństwo.

W Księdze Hebrajczyków 11,19 o Abrahamie napisano: *„Sądził, że Bóg ma moc wskrzeszać nawet umarłych; toteż jakby z umarłych, mówiąc obrazowo, otrzymał go z powrotem."* Wynika stąd, że Abraham wykonywał polecenie Boga z zadowoleniem, ponieważ wierzył, że Bóg wskrzesi jego syna. Ostatecznie przeszedł próbę wiary i w nagrodę został sowicie pobłogosławiony. Stał się ojcem wiary, błogosławieństwem narodów oraz nazwano go „przyjacielem" Boga.

Jeśli i my należymy do osób, które z radością służą Bogu, to jesteśmy wdzięczni i zadowoleni niezależnie od sytuacji. Wiemy, że Stwórca pragnie naszego dobra, a próby oraz prześladowania, których doświadczamy są jedynie testem. Jeśli go zdamy, zostaniemy sowicie pobłogosławieni. Z tego powodu nie pozostaje nam nic innego, jak modlić się i dziękować Panu z całego serca. Kiedy Bóg cieszy się z naszej wiary, odpowiada na nasze wołania. Dlatego w Ewangelii Mateusza 8,13 Jezus rzekł: „*Idź, a jak uwierzyłeś, niech ci się stanie!*", a następnie: „*I wszystko, o cokolwiek byście prosili w modlitwie z wiarą, otrzymacie*" (Mat. 21,22).

Zatem, jeśli którakolwiek z naszych modlitw pozostaje bez odpowiedzi, oznacza to, że jeszcze nie zaufaliśmy w pełni Panu. Toteż powinniśmy osiągnąć ten etap, na którym z radością wypełniamy polecenia Boga oraz darzymy Go bezwarunkową miłością niezależnie od okoliczności.

Przyjmować wszystko z miłością, okazując miłosierdzie

Co zrobilibyśmy, gdyby ktoś zaczął nas bezpodstawnie oskarżać? Jeśli znajdujemy się na drugim poziomie wiary, to nie zniesiemy takiego traktowania i zaczniemy się kłócić. Jeśli ponadto opanuje nas złość, możemy wybuchnąć gniewem i zacząć przeklinać rozmówcę. Nie jest to jednak zachowanie godne ludzi wierzących w Boga, ponieważ w 1 Liście Piotra 1,16 jest napisane: „*Świętymi bądźcie, bo Ja jestem święty.*"

A jak zareaguje osoba, która jest na trzecim poziomie wiary? Poczuje urazę i niepewność, ponieważ jej myśli nadal znajdują się pod wpływem szatana. Takiemu człowiekowi, choć będzie wiedział, że powinien być radosny, zabraknie wdzięczności i radości płynącej prosto z serca.

Natomiast na czwartym poziomie wiary nasz umysł pozostanie niewzruszony, nawet gdybyśmy byli bezpodstawnie nienawidzeni lub prześladowani. A wszystko dzięki temu, że nie będzie w nas już zła.

Jezus także nie denerwował się ani nie czuł urazy, choć Go prześladowano, nieustannie był w niebezpieczeństwie, szydzono z Niego i traktowano z pogardą. Nigdy nie powiedział: „Cały czas działam na pożytek ludzi, ale oni prześladują mnie, a niektórzy usiłują nawet zabić. Mam tego dość." Zamiast tego, z Jego ust padały życiodajne słowa.

Na czwartym poziomie wiary nasze serce przypomina serce Pana Jezusa. Zamiast nienawidzić i okazywać wrogość, współczujemy prześladowcom i modlimy się za nich. Przebaczamy i rozumiemy. Przyjmujemy wszystko z miłością i okazujemy miłosierdzie.

Mam nadzieję, że teraz rozumiemy, dlaczego w tej samej sytuacji jedni wybuchają gniewem, nienawidzą i czują ból oraz smutek, a inni przebaczają, okazując miłość i miłosierdzie. Ci ostatni potrafią zachować spokój i dobrocią pokonują zło.

4. Kochanie Boga ponad wszystko

Kiedy nasza wiara osiągnie poziom, na którym kochamy Boga ponad wszystko, w pełni przestrzegamy przykazań, a naszej duszy się powodzi. Miłowanie Boga z całego serca staje się dla nas czymś oczywistym. Dlatego też w Liście do Filipian 3,7-9 apostoł Paweł uznaje wszystko co miał za stratę i „śmiecie":

„Ale to wszystko, co było dla mnie zyskiem, ze względu na Chrystusa uznałem za stratę. I owszem, nawet wszystko uznaję za stratę ze względu na najwyższą wartość poznania Chrystusa Jezusa, Pana mojego. Dla Niego wyzułem się ze wszystkiego i uznaję to za śmieci, bylebym pozyskał Chrystusa i znalazł się w Nim – nie mając mojej sprawiedliwości, pochodzącej z Prawa, lecz Bożą sprawiedliwość, otrzymaną przez wiarę w Chrystusa, sprawiedliwość pochodzącą od Boga, opartą na wierze."

Kochać Boga ponad wszystko

W czterech Ewangeliach Bóg opowiada o błogosławieństwach przeznaczonych dla osób, które odrzucą wszystko, co mają i pokochają Boga jak apostoł Paweł. W Ewangelii Marka 10,29-30 obiecuje im stokroć więcej w życiu zarówno w niebie, jak i na Ziemi:

„Zaprawdę powiadam wam, nie ma takiego, kto by opuścił dom albo braci, albo siostry, albo matkę, albo ojca, albo dzieci, albo pola dla mnie i dla ewangelii, który by nie otrzymał stokrotnie, teraz, w doczesnym życiu domów i braci, i sióstr, i matek, i dzieci, i pól, choć wśród prześladowań, a w nadchodzącym czasie żywota wiecznego."

Fragment „(...) kto by opuścił dom albo braci, albo siostry, albo matkę, albo ojca, albo dzieci, albo pola dla mnie i dla ewangelii(...)" pod względem duchowym oznacza brak pragnienia rzeczy doczesnych, zerwanie przyziemnych więzi oraz umiłowanie ponad wszystko Boga, który jest Duchem.

Nie jest to odrzucenie miłości innych ludzi, lecz postawienie Boga na pierwszym miejscu. Mówi o tym 1 List Jana 4,20-21, w której jest napisane: *„Jeśli kto mówi: Miłuję Boga, a nienawidzi brata swego, kłamcą jest; albowiem kto nie miłuje brata swego, którego widzi, nie może miłować Boga, którego nie widzi. A to przykazanie mamy od niego, aby ten, kto miłuje Boga, miłował i brata swego."*

Ogólnie mówi się, że to rodzice dają życie dziecku w chwili, gdy w łonie kobiety męskie nasienie łączy się z żeńską komórką jajową. Jednak żadne z nich nie jest stworzone przez rodziców, lecz przez Boga Stwórcę.

Co więcej, po śmierci widzialne ciało obraca się w garść prochu, bo w rzeczywistości stanowi ono jedynie dom dla ducha i duszy. Prawdziwym panem człowieka jest duch, nad którym panuje sam Bóg. Dlatego pokochamy Boga ponad wszystko, gdy tylko w pełni zrozumiemy, że tylko Bóg może dać prawdziwe życie oraz życie wieczne w niebie.

Kiedy przez 7 lat cierpiałem z powodu wielu chorób, nieustannie żyłem na krawędzi życia i śmierci. Gdy spotkałem Boga żywego, zostałem w niebywały sposób uleczony. Od tego czasu kocham Go z całego serca, a w zamian otrzymuję wiele błogosławieństw.

Co najważniejsze, moje grzechy zostały przebaczone.

Otrzymałem zbawienie i życie wieczne. Ponieważ powodziło się mojej duszy, to i mi zaczęło się powodzić. Cieszyłem się dobrym zdrowiem. Później Bóg wezwał mnie do służby i obdarował mnie mocą, abym pomagał wypełnić misję na Ziemi. Odkrył przede mną wydarzenia, które nastąpią. Sprowadził do mnie także wielu dobrych pastorów i wiernych pomocników kościoła, aby kościół mógł rozrastać się i wypełniło się Boże proroctwo.

W tym czasie pobłogosławił mnie miłością członków kościoła oraz ludzi spoza kościoła. Sprawił, że moja rodzina pokochała Go ponad wszystko, dzięki czemu zyskała Jego opiekę przed wszelkiego rodzaju nieszczęściem. Nikt z mojej rodziny nie brał nigdy leków, ani nie znalazł się w szpitalu. Pan pobłogosławił mnie do tego stopnia, że nie brak mi niczego.

Spełnienie miłości duchowej

Kiedy ponad wszystko pokochamy Boga, On poprowadzi nas do dostatku i prawdziwego szczęścia, które zaczyna się w naszym sercu.

W rezultacie zaczniemy dzielić się otrzymywaną od Boga miłością z innymi. Będziemy mogli pokochać ludzi wieczną i niezmienną miłością, ponieważ nie będzie w nas już zła.

To, czym jest miłość duchowa, wyjaśnia 1 List do Koryntian 13,4-7:

„Miłość jest cierpliwa, miłość jest dobrotliwa, nie zazdrości, miłość nie jest chełpliwa, nie nadyma się, nie postępuje nieprzystojnie, nie szuka swego, nie

unosi się, nie myśli nic złego, nie raduje się z niesprawiedliwości, ale się raduje z prawdy; Wszystko zakrywa, wszystkiemu wierzy, wszystkiego się spodziewa, wszystko znosi."

W dzisiejszych czasach jesteśmy świadkami wielu konfliktów i kłótni między członkami rodzin, ponieważ nie ma w nich miłości duchowej. Gdy w rodzinie tkwi niezgoda, poszczególni członkowie nie potrafią stworzyć pełnego miłości i pokoju domu, ponieważ każda z osób uważa, że tylko ona ma racją i pragnie być kochana. Kiedy pokochamy Boga z całego serca, odrzucamy miłość cielesną, której miejsce zajmuje miłość duchowa. Miłość cielesna jest zmienna i zarozumiała, podczas gdy miłość duchowa koncentruje się bardziej na innych i stawia ich dobro ponad swoje. Kiedy posiądziemy ten rodzaj miłości, w naszym domu zapanuje szczęście i harmonia.

Często zdarza się, że osoba, która zakochuje się w Bogu, staje się celem szykan członków rodziny lub przyjaciół, którzy nie wierzą w Boga (Mar. 10,29-30). Nie trwa to długo. Jeśli naszej duszy się powodzi i osiągamy czwarty stopień wiary, szykany stają się błogosławieństwem, a prześladowcy zaczynają darzyć nas miłością i akceptować.

Fragment 2 Listu do Koryntian 11,23-28 opowiada o prześladowaniach, których doznawał Paweł, głosząc ewangelię. W służbie Panu nie miał sobie równych, lecz to jego zamykano w zimnych lochach i najbrutalniej chłostano. Często ocierał się o śmierć. Mimo to zamiast czuć się urażonym, pozostawał wdzięczny i radosny.

Jeśli i my podobnie osiągniemy czwarty stopień wiary, na którym pokochamy Boga ponad wszystko i przyjdzie nam nieustannie żyć w cieniu śmierci, to i tak każde miejsce będzie dla nas niebem, a prześladowanie wkrótce stanie się błogosławieństwem, gdyż Bóg będzie z nami.

W Ewangelii Mateusza 5,11-12 Jezus mówi: *„Błogosławieni jesteście, gdy wam złorzeczyć i prześladować was będą i kłamliwie mówić na was wszelkie zło ze względu na mnie! Radujcie i weselcie się, albowiem zapłata wasza obfita jest w niebie; tak bowiem prześladowali proroków, którzy byli przed wami."*

Dlatego powinniśmy zdać sobie sprawę, że jeśli napotkamy na problemy ze względu na Pana, a mimo to będziemy radować się i weselić, to otrzymamy zarówno miłość Bożą, uznanie i nagrodę w niebie, jak i stokroć więcej w życiu doczesnym.

Owoce Ducha Świętego oraz Osiem Błogosławieństw

Kiedy wkroczymy na czwarty stopień wiary, otrzymamy Osiem Błogosławieństw i wydamy dziewięć owoców Ducha Świętego. Napisano o nich w Liście do Galacjan 5,22-23: *„owocem zaś ducha jest: miłość, radość, pokój, cierpliwość, uprzejmość, dobroć, wierność, łagodność, opanowanie. Przeciw takim cnotom nie ma Prawa."*

Owocem Ducha jest miłość Jezusa Chrystusa, który daje pić swym wrogom, gdy są spragnieni i karmi ich, gdy są głodni. Owoc radości przynosi ze sobą spokój i szczęście, ponieważ czynimy tylko to, co dobre i piękne. Pokój ze wszystkimi ludźmi także przynosi owoc pokoju.

Dzięki cierpliwości potrafimy nieustannie modlić się, dziękując radośnie nawet kiedy cierpimy. Owoc uprzejmości powoduje, że przebaczamy to, co wydaje się nieprzebaczalne; rozumiemy to, co było dla nas niezrozumiałe; oraz dbamy o innych, aby powodziło się im nawet lepiej od nas. Wydając owoc dobroci, odrzucamy wszelkie zło i nie lekceważymy uczuć innych, ani ich nie ranimy.

Owoc wierności to całkowite stosowanie się do Słowa Bożego i wierność Panu, nawet za cenę naszego życia, bowiem wiemy, że otrzymamy wieniec żywota w niebie. Delikatny jak jedwab owoc łagodności pozwala nam nadstawić lewy policzek, kiedy ktoś uderza nas w prawy i okazywać miłość oraz miłosierdzie.

Ostatni z owoców – opanowanie, umożliwia wykonywanie nakazów Boga bez okazywania słabości i obstawania przy swoim. Nasze czynności wykonujemy wtedy w piękny i harmonijny sposób.

Wkrótce także zauważamy, że osiem wiecznych i niezmiennych błogosławieństw wymienionych w Ewangelii Mateusza 5 staje się naszym udziałem.

Gdy jesteśmy już na etapie, na którym wydajemy owoce Ducha Świętego i spływa na nas dobro Ośmiu Błogosławieństw, znaczy że zbliżamy się do piątego stopnia wiary. Jest to stopień, który prowadzi do wielu bogactw i niemal gwarantuje otrzymanie tych rzeczy, o których pomyślimy.

Aby dotrzeć do szczytu góry, musimy wspinać się stopień po stopniu. I choć podróż ta jest mozolna i wyczerpująca, to na końcu drogi czujemy podekscytowanie i radość. Rolnicy ciężko pracują w nadziei na obfite plony, ponieważ wierzą, że są w stanie zebrać tyle, ile posieją. Jeśli i my żyjemy w prawdzie, możemy zbierać błogosławieństwa Boże obiecane w Biblii.

Dlatego modlę się w imieniu Pana naszego, Jezusa Chrystusa, aby każdy, odrzucając grzechy i żyjąc zgodnie ze Słowem Bożym, posiadł wiarę, dzięki której będzie kochał Boga z całego serca.

Rozdział 8

Wiara miła Bogu

1
Piąty stopień wiary
2
Wiara, za którą gotowi jesteśmy oddać życie
3
Wiara, która pozwala czynić cuda i znaki
4
Wierność w domu Bożym

*„Umiłowani, jeżeli nas serce nie oskarża,
możemy śmiało stanąć przed Bogiem
I otrzymamy od niego, o cokolwiek prosić będziemy,
gdyż przykazań jego przestrzegamy
i czynimy to, co miłe jest przed obliczem jego."*

(1 Jan. 3,21-22)

Rodzice niezmiernie cieszą się i są dumni, gdy dzieci są posłuszne, okazują szacunek i kochają ich z całego serca. Rodzice nie tylko spełniają pragnienia takich dzieci, ale również domyślają się ukrytych marzeń swoich dzieci i z radością je realizują. Podobnie jest z Bogiem. Gdy słuchamy Go i czynimy to, co jest Mu miłe, to wysłucha nie tylko nasze prośby, ale spełni też ukryte głęboko w sercu pragnienia, ponieważ kocha nas i będzie zadowolony z naszej wiary. Naprawdę wszystko jest możliwe, gdy posiadamy taką więź z Bogiem.

Przyjrzymy się teraz bliżej wierze, która jest miła Bogu i sprawdźmy, jak ją osiągnąć.

1. Piąty stopień wiary

Wiara miła Bogu zajmuje wyższe miejsce w hierarchii, od wiary kochających Boga z całej siły. Czym jest wiara miła Bogu? Nie raz możemy zaobserwować dzieci, które prawdziwie kochają swoich rodziców, są im posłuszne i odczytują ich intencje. Dopiero zrozumienie miłości, którą darzymy rodziców, pozwoli nam pojąć, czym jest wiara miła Bogu.

Jakiego rodzaju miłości oczekuje Bóg?

W koreańskich przypowieściach często pojawiają się postaci posłusznych synów, córek lub synowych, które swoją miłością poruszyli nie tylko swoich rodziców, ale i niebo. Na przykład jedna z przypowieści opowiada historię syna opiekującego się swoja starą, schorowaną matką. Syn czyni wszystko, aby przywrócić jej zdrowie, lecz na próżno. Pewnego dnia syn dowiaduje się, że jego matka zostanie uzdrowiona, jeśli tylko napije się krwi z jego palca. Z chęcią rozcina palec i podaje jej krew do wypicia. Wkrótce po tym matka odzyskuje zdrowie. Oczywiście medycyna w żaden sposób nie dowiodła, że krew człowieka może przywrócić siły chorej osobie. Jedna jego ofiarną miłość i oddanie dostrzega Bóg i udziela mu błogosławieństwa. Zupełnie jak w koreańskim powiedzeniu „Szczerość jest zdolna poruszyć niebo."

Znam również inną poruszającą serce historię o synu opiekującym się swymi chorymi rodzicami. Otóż w samym środku mroźnej zimy wyrusza on w głąb góry. Toruje sobie drogę przez zwały śniegu, żeby tylko dotrzeć do ziół i owoców, o których powiedziano mu, że wyleczą jego chorą rodzinę.

Trzecia historia opowiada o mężu i żonie, którzy opiekują się swoimi starymi już rodzicami przynosząc im codziennie jedzenie, mimo że oni sami wraz z dziećmi często przymierają z głodu.

A jak jest obecnie? Niektórzy ukrywają przysmaki dla swoich dzieci, a rodziców częstują oszczędnie i niechętnie. Nie jest to miłość w pełnym jej słowa znaczeniu, ponieważ ci ludzie okazują ją swoim dzieciom, lecz zapominają o swoich rodzicach. Osoby, które kochają prawdziwie, poczęstują dobrym jedzeniem wszystkich, a nawet będą ukrywały fakt, że ich własne dzieci nie mają czasami co jeść. Czy ty okazujesz taką miłość swoim rodzicom? W ten sposób poznaliśmy różnicę między miłością pełną radości i wdzięczności wynikającą z posłuszeństwa, a miłością miłą rodzicom. W przeszłości nie łatwo było spotkać dzieci, które okazywałyby ten rodzaj miłości, a jeszcze trudniej znaleźć ją teraz, w świecie opanowanym przez grzech i zło.

Podobnie jest z miłością rodziców, o której mówi się, że jest najwspanialsza i najpiękniejsza. Nawet moja matka, która kochała mnie bardzo, pewnego razu gorzko przez łzy powiedziała mi: „Umrzyj i w ten sposób wypełnisz swój obowiązek wobec mnie jako syn", ponieważ byłem wtedy schorowany i nie było dla mnie żadnej nadziei na wyzdrowienie.

A jak swoją miłość okazuje nam Bóg? Nie tylko podarował nam swojego jedynego Syna, któremu pozwolił umrzeć na krzyżu, abyśmy mogli otrzymać zbawienie i wstąpić do nieba, ale i nieustannie nas kocha.

Jeśli chodzi o mnie, to odkąd spotkałem Boga, zawsze odczuwałem i doświadczałem Jego miłości. Dlatego byłem w stanie dokładnie ją rozumieć i dość szybko osiągnąłem pełnię wiary. Pokochałem Go ponad wszystko, a On w mojej wierze znalazł upodobanie.

Posiąść wiarę miłą Bogu

W Księdze Psalmów 37,4 jest napisane: *„Rozkoszuj się Panem, a da ci, czego życzy sobie serce twoje!"* Jeśli zadowolimy Boga, to da nam nie tylko wszystko, o co prosimy, ale odczyta i spełni skrywane w sercu pragnienia.

Zakładałem kościół, mając do rozdysponowania zaledwie 10 dolarów. Jednak Bóg pobłogosławił mi, umożliwiając wynajęcie budynku o powierzchni niemal 900 metrów kwadratowych, gdzie mogłem modlić się w wierze. Już na samym początku modlitw, które zanosiłem do Boga, aby pomógł mi spełnić moje marzenie, którym było głoszenie ewangelii na całym świecie, Bóg sprawił, że w moim kościele wiele osób doświadczyło odnowy religijnej. Znalazłem się pod Jego opieką i otrzymałem wiele błogosławieństw *„o mierze dobrej, natłoczonej, utrzęsionej i opływającej"* (Łk 6,38).

Wszystko jest możliwe, jeśli posiadamy wiarę miłą Bogu. W Ewangelii Marka 9,23 Jezus mówi: *„Jeżeli coś możesz, to: Wszystko jest możliwe dla wierzącego."* Co więcej, zgodnie z zapisem w 5 Księdze Mojżeszowej 28: *„(...) błogosławione będzie twoje wejście i twoje wyjście, (...) będziesz mógł pożyczać wielu narodom, ale ty sam nie będziesz pożyczał, i uczyni cię Pan głową (...)."* Będą towarzyszyły nam również znaki, o których napisane jest w Ewangelii Marka 16.

W Ewangelii Jana 14,12-13 Jezus obiecuje też trudne do ogarnięcia umysłem błogosławieństwa. Przeczytajmy wspólnie te wersy, aby się dowiedzieć, co dobrego nas czeka, gdy posiądziemy wiarę miłą Bogu:

„Zaprawdę, zaprawdę, powiadam wam: Kto we Mnie wierzy, będzie także dokonywał tych dzieł, których Ja dokonuję, owszem, i większe od tych uczyni, bo Ja idę do Ojca. A o cokolwiek prosić

będziecie w imię moje, to uczynię, aby Ojciec był otoczony chwałą w Synu."

Błogosławieństwa, które otrzymał Henoch

W Biblii wiele miejsca zostało poświęcone praojcom wiary, w których Bóg miał upodobanie. Jednym z nich był Henoch, o którym napisane jest w Księdze Hebrajczyków 11. Jakie otrzymał błogosławieństwa?

„*Przez wiarę zabrany został Henoch, aby nie oglądał śmierci i nie znaleziono go, gdyż zabrał go Bóg. Zanim jednak został zabrany, otrzymał świadectwo, że się podobał Bogu. Bez wiary zaś nie można podobać się Bogu; kto bowiem przystępuje do Boga, musi uwierzyć, że On istnieje i że nagradza tych, którzy go szukają*" (wersy 5-6).

1 Księga Mojżeszowa 5,21-24 przedstawia Henocha jako tego, który był miły Bogu, ponieważ został uświęcony w wieku 65 lat i pozostał wierny domowi Bożemu. Henoch towarzyszył Bogu na Ziemi i dzielił się z nim miłością przez 300 lat. Po tym czasie Bóg zabrał go, aby nie oglądał śmierci. Został tak sowicie pobłogosławiony, że obecnie zasiada obok tronu Bożego.

Co więcej, jeśli posiadamy wiarę miłą Bogu, można pominąć śmierć i zostać wniebowziętym. Do nieba został również zabrany prorok Eliasz, ponieważ dał świadectwo istnieniu Boga żywego i pokazał wielu ludziom dzieła Boże oraz sprowadził ich na drogę zbawienia.

Czy i ty wierzysz w istnienie Boga i w to, że wynagradza tych, którzy szczerze Go szukają? Posiadanie tego rodzaju wiary jest równoznaczne z gotowością do pełnego uświęcenia lub oddania za Niego życia.

2. Wiara, za którą gotowi jesteśmy oddać życie

W Ewangelii Mateusza 22,37-40 Jezus nakazuje nam:

„*Będziesz miłował Pana, Boga swego, z całego serca swego i z całej duszy swojej, i z całej myśli swojej. To jest największe i pierwsze przykazanie. A drugie podobne temu: Będziesz miłował bliźniego swego jak siebie samego. Na tych dwóch przykazaniach opiera się cały zakon i prorocy.*"

Jak powiedział Jezus, Bóg cieszy się z każdego człowieka, który miłuje Go z całego serca i duszy, a przy tym kocha swoich bliźnich jak siebie samego. Taki stan możemy nazwać wiarą miłą Bogu, wiarą Chrystusa lub pełnią wiary duchowej, ponieważ jest ona mocna na tyle, że gotowi jesteśmy oddać nasze życie za Syna Bożego.

Wiara, pozwalająca poświęcić własne życie, aby tylko wypełniła się wola Boża

Jezus był całkowicie posłuszny woli Bożej. Po ukrzyżowaniu, został wskrzeszony jako pierwszy i teraz zasiada po prawicy Ojca.

Wiara miła Bogu 157

Wszystko dzięki wierze, na mocy której był w stanie oddać własne życie, żeby spełnił się plan Boży. Dlatego Bóg rzekł: *„Ten jest Syn mój umiłowany, którego sobie upodobałem"* (Mat 3,17, 17,5) oraz *„Oto sługa mój, którego wybrałem, umiłowany mój, w którym moja dusza ma upodobanie"* (Mat. 12,18). W ciągu całej historii kościoła, żyło wielu praojców wiary, którzy jak Jezus dobrowolnie oddali swoje życie, aby wypełniła się wola Boża. Poza Piotrem, Jakubem i Janem, którzy nieustannie towarzyszyli Jezusowi, wiele innych osób bez wahania i sprzeciwu poświęciło się dla Jezusa Chrystusa. Piotr zmarł powieszony na krzyżu głową do dołu, Jakubowi ścięto głowę, a Jana wrzucono do wielkiego żelaznego kotła z wrzącym olejem, lecz przeżył i został zesłany na wyspę Patmos.

Za zwiastowanie Słowa Bożego i świadczenie o Jezusie, wielu chrześcijan skazano na pożarcie lwom w Koloseum. Wielu też postanowiło pokutować, żyjąc w Katakumbach, które potocznie nazywano „podziemnymi cmentarzyskami", gdzie nigdy więcej nie ujrzeli już światła dziennego. Bóg zadowolony był z ich wiary, ponieważ żyli zgodnie z przykazaniem Pisma Świętego, które brzmi: *„Bo jeśli żyjemy, dla Pana żyjemy; jeśli umieramy, dla Pana umieramy; przeto czy żyjemy, czy umieramy, Pańscy jesteśmy"* (Rzym. 14,8).

W 1992 roku z przepracowania i braku snu zacząłem krwawić z nosa. Wydawało się, że straciłem niemal całą krew. W rezultacie mój stan był krytyczny. Stopniowo traciłem przytomność, aż wreszcie stanąłem w obliczu śmierci.

W tamtej chwili czułem, że wkrótce znajdę się w objęciach Pana, mimo to nie miałem zamiaru polegać na medycynie. Przez myśl mi nie przeszło, aby z krwawiącym nosem odwiedzić lekarza. Choć czułem, że umieram, nie poszedłem do szpitala, ani nie zażywałem żadnych leków, ponieważ wierzyłem we wszechmogącego Boga Ojca. Rodzina oraz członkowie kościoła także nie namawiali mnie, abym jechał do szpitala. Znali mnie już dobrze i wiedzieli, że całe życie poświęciłem Panu, a nie sprawom przyziemnym. Nie chciałem oddać swojego życia w ręce jakiegoś człowieka.

Z powodu krwotoku straciłem przytomność, jednak nawet wtedy moja dusza dziękowała Bogu za to, że będę mógł spocząć na wieki w objęciach Jezusa. Moją jedyną nadzieją było to, że trafię w ręce Pana.

Jednak Bóg zesłał mi wizję, w której widziałem, co będzie działo się z moim kościołem kiedy umrę. Niektórzy ludzie pozostaną i nadal będą wierzyć, jednak wielu z nich zacznie na powrót cenić bardziej to, co przyziemne, powoli odchodząc od Boga i zaczynając grzeszyć przeciw Niemu.

Po tym widzeniu, nie byłem już w stanie znaleźć spokoju w objęciach Jezusa. Z całego serca poprosiłem Boga, aby wzmocnił mnie, ponieważ czułem głęboki smutek na widok odchodzących od Pana osób. Z pomocą Boga, który uzdrowił mnie, wstałem z łóżka i choć dopiero co spotkałem śmierć i byłem blady jak ściana, natychmiast usiadłem.

Odzyskując przytomność, powoli zaczynałem dostrzegać pracowników kościoła, którzy płakali ze szczęścia. Jak mogliby nie być poruszeni tym, że na ich oczach dokonało się cudowne dzieło Boże wskrzeszenia zmarłego?

Tak oto Bóg jest rad z osób, które na mocy wiary są w stanie poświęcić dla Niego swoje życie. Prośby takich ludzi spełnia bardzo szybko. Dzięki wielu męczennikom dobra nowina szybko obiegła cały świat. Ich krew przysłużyła się do rozpowszechnienia Słowa Bożego nawet w Korei.

Wiara, na mocy której jesteśmy w pełni posłuszni woli Bożej

W 1 Liście do Tesaloniczan 5,23 jest napisane: „*A sam Bóg pokoju niechaj was w zupełności poświęci, a cały duch wasz i dusza, i ciało niech będą zachowane bez nagany na przyjście Pana naszego, Jezusa Chrystusa.*" W tym fragmencie fraza „cały duch" oznacza posiadanie takiego serca jakie miał Jezus Chrystus.

Człowiek o całym duchu, to osoba, która żyje tylko z woli Boga. Zawsze słyszy głos Ducha Świętego, a jego serce przepełnia prawda, ponieważ w pełni pojął Słowo Boże. Aby stać się taką osobą, należy poprzez wewnętrzną walkę z grzechem, odrzucić całe zło i stać się w pełni uświęconym, tym samym osiągając nastawienie, jakie miał Jezus Chrystus.

Co więcej, kiedy wszystko co posiada osoba duchowa to Słowo Boże, wtedy prawda rządzi nie tylko jej sercem, ale i całym życiem.

Ten rodzaj wiary nazywamy wiarą całkowitą lub doskonałą wiarą duchową Jezusa Chrystusa. Możemy ją posiąść jedynie mając szczere serce, bowiem w Księdze Hebrajczyków 10,22 jest napisane: „*Wejdźmy na nią ze szczerym sercem, w pełni wiary, oczyszczeni w sercach od złego sumienia i obmyci na ciele wodą czystą.*"

Jednak nawet gdybyśmy posiedli nastawienie i wiarę jak Jezus

Chrystus, nie jest to równoznaczne z byciem Mu równym. Na przykład załóżmy, że syn bardzo szanuje ojca i stara się być mu podobnym. Może stać się mu podobny charakterem lub osobowością, ale nigdy nie będzie swoim ojcem. Tak samo i my nie staniemy się identyczni jak Jezus Chrystus. Syn Boży ustanowił duchowy porządek, o którym napisane jest w Ewangelii Mateusza 10,24-25: „*Nie jest uczeń nad mistrza ani sługa nad swego pana; Wystarczy uczniowi, aby był jak jego mistrz, a sługa jak jego pan.*"

A jak wyglądała relacją między Mojżeszem, który wyprowadził Izraelitów z Egiptu, a Jozuem, który jako następca Mojżesza poprowadził swój lud do Ziemi Obiecanej? Mojżesz sprawił, że Morze Czerwone rozstąpiło się, a ze skały wypłynęła woda. Lecz Jozue niczym mu nie ustępował w czynieniu cudów: zatrzymał wody rzeki Jordan, zburzył mury Jerycha, a także wstrzymał Słońce i Księżyc przez niemal całą dobę. Mimo to Jozue nie przewyższał Mojżesza, który bezpośrednio, twarzą w twarz, rozmawiał z Bogiem.

Na Ziemi uczeń może prześcignąć nauczyciela, jednak prawda ta nie znajduje zastosowania w świecie duchowym. Świat duchowy można zrozumieć tylko z Bożą pomocą, a nie poprzez studiowanie książek lub przyswajanie innej ziemskiej wiedzy. Dlatego pod względem duchowym uczeń nie przewyższy swojego nauczyciela, który działa świadomie wspierany przez łaskę Pańską.

Biblijny Elizeusz otrzymał ducha dwa razy takiego jak duch Eliasza i dokonywał więcej cudów od niego. Jednak nie dorównał Eliaszowi, który żywy został wzięty do nieba. W czasach, gdy formował się kościół, także Tymoteusz czynił wiele dla Jezusa Chrystusa, ale nigdy nie przewyższył swojego nauczyciela, którym był apostoł Paweł.

Ponieważ świat duchowy jest nieskończony, nigdy nikt nie pojmie go w całości. Dlatego jesteśmy w stanie poznać go jedynie poprzez nauki Boże, nigdy samodzielnie. To jak z oceanem, którego głębokości nie znamy, ani nie wiemy jakie rośliny i zwierzęta żyją na samym jego dnie, aż do chwili zanurzenia się w jego odmętach i ujrzenia niesamowitej różnobarwnej flory i fauny. Co więcej, możemy odkrywać tyle jego tajemnic, ile zapragniemy, jeśli tylko zanurzymy się głębiej. Tak samo jest ze światem duchowym. Im dalej się w niego zapuścimy, tym lepiej go poznamy.

Sam Bóg naucza mnie i pozwala zrozumieć duchowy świat, abym mógł zgłębić jego tajemnice. Poprowadził mnie tak, abym mógł doświadczyć go osobiście. Uczy mnie o wielkości wiary, abym zaprowadził ludzi w bardziej odległe krainy świata duchowego. Wyposażeni w tę wiedzę, powinniśmy bliżej przyjrzeć się sobie i starać się rozwijać wiarę.

3. Wiara, która pozwala czynić cuda i znaki

Jeśli mamy wiarę całkowitą i w naszym sercu mieszka prawda, będziemy starać się żyć zgodnie z wolą Bożą. Zaczniemy także modlić się o siłę potrzebną, aby przyczynić się do zbawienia jak największej ilości dusz ludzkich, z których każdą Bóg ceni bardziej niż cały wszechświat.

Dlaczego ukrzyżowano Jezusa? Ponieważ pragnął ocalić

zagubione dusze, które błąkały się na drodze grzechu. Chciał z nich uczynić dzieci Boże.

Dlaczego ukrzyżowany w palącym słońcu, krwawiący już od kilku godzin Jezus rzekł „Pragnę"? Wbrew temu, co na pierwszy rzut oka mogłoby nam przyjść na myśl, nie chodziło o pragnienie fizyczne. Jego prawdziwą intencją było ugaszenie pragnienia duchowego, za co zapłacić musiał swoją krwią. Jest to silny bodziec dla nas, abyśmy pomagali zbawiać dusze i prowadzić je w objęcia Jezusa.

Moc potrzebna do zbawienia ludzi

Kiedy nasza wiara osiąga piąty stopień i Bóg ma w niej upodobanie, zaczynamy zadawać sobie pytania: „W jaki sposób mogę poprowadzić ludzi do Ojca? Jak mogę dać świadectwo Jego sprawiedliwości i przyczynić się do wzrostu królestwa Bożego?" A gdy w naszej głowie zrodzi się plan, staramy się go realizować wszystkimi dostępnymi środkami. Wszystko to, by poprzez wypełnienie obowiązków zadowolić Pana i przyczynić się do urzeczywistnienia planu Bożego.

Jednak bez otrzymanej od Boga mocy, nie będziemy w stanie nic zrobić. W 1 Liście do Koryntian 4,20 jest napisane: *„Albowiem Królestwo Boże zasadza się nie na słowie, lecz na mocy."*

Jak możemy otrzymać moc niezbędną do poprowadzenia ludzi ku zbawieniu? Tylko przez nieustanną modlitwę, ponieważ zbawienie duszy nie odbywa się poprzez rozmowę, dzięki wiedzy, zdobytemu doświadczeniu, reputacji lub władzy. Możliwe jest to tylko dzięki nadanej przez Boga mocy.

Dlatego na piątym poziomie wiary musimy nieustannie modlić się, aby otrzymać moc, za pomocą której będziemy mogli przyczynić się do zbawienia wielu ludzi.

Królestwo Boże opiera się na mocy

Niegdyś poznałem pastora o szlachetnym sercu, który próbował wypełnić swoją posługę na ziemi i nieustannie modlił się, aby żyć według Słowa Bożego. Niestety jego starania nie przynosiły takich rezultatów, jakich można byłoby oczekiwać. Jaka była tego przyczyna? Gdyby naprawdę kochał Boga, oddałby Mu cały swój umysł, wolę, życie, a nawet mądrość, a tego nie zrobił. Powinien zdać sobie sprawę, że zamiast dać prowadzić się Bogu, on sam był nadal panem swojego życia. Stwórca nie mógł mu pomóc, ponieważ ten pastor do końca Mu nie zawierzył. Polegał na własnej wiedzy i rozsądku. Choć dało się dostrzec pewne rezultaty jego wysiłków, to nie był w stanie dać świadectwa dzieła Bożego, którego uczynienie przekracza możliwości zwykłego człowieka.

Dlatego pełniąc posługę duszpasterską zamiast polegać na własnych rozsądku, wiedzy i doświadczeniu, musimy modlić się, słuchać głosu Ducha Świętego i kierować się nim. Dopiero gdy będzie przewodził nam Duch Święty i staniemy się ludźmi prawdy, będziemy doświadczać cudownych dzieł Bożych będących manifestacją mocy Pana.

Z drugiej strony, jeśli polegamy na ludzkich teoriach i wiedzy, modlimy się oraz ze wszystkich sił próbujemy wypełnić nasze posłannictwo mniemając, że znamy Boga, to głęboko się mylimy. Bóg nie jest z nami, ponieważ takie nastawienie uważa za aroganckie. Naszym celem powinno być to, aby stać się osobą duchową poprzez żarliwą modlitwę. Musimy odrzucić grzech i prosić o moc Bożą w zrozumieniu słów apostoła Pawła: „To ja codziennie umieram."

Modlić się pod natchnieniem Ducha Świętego

Każdy, kto przyjął Pana Jezusa do serca powinien modlić się, ponieważ modlitwa jest jak duchowy oddech. Zauważmy, że treść modlitwy jest inna, zależnie od stopnia wiary modlącej się osoby. Na pierwszym lub drugim poziomie wiary zazwyczaj modlimy się za siebie dość krótko, nie dłużej niż dziesięć minut, ponieważ nie wiemy, o co jeszcze moglibyśmy prosić.

Nie jest to także modlitwa pochodząca głęboko z serca, choć możemy modlić się za królestwo Boże i sprawiedliwość. Jednak już na trzecim poziomie wiary nasze prośby zaczynają dotyczyć nie tylko nas samych.

A jak wygląda modlitwa na czwartym poziomie wiary? Kiedy go osiągniemy, modlimy się już tylko za królestwo Boże i sprawiedliwość, ponieważ całkowicie wyzbyliśmy się grzesznych pragnień i przestaliśmy grzeszyć.

Nie mamy potrzeby, aby modlić się za siłę niezbędną do walki z grzechem, ponieważ na tym etapie żyjemy już według Słowa Bożego. Zaczynamy prosić o rzeczy, które wykraczają poza nas samych i naszą rodzinę: o zbawienie ludzi, powiększenie się królestwa Bożego i kościoła, o służących kościołowi oraz o wszystkich braci i siostry w wierze. Modlimy się nieustannie, ponieważ uświadamiamy sobie, że bez mocy danej od Boga nie jesteśmy w stanie dopomóc w zbawieniu nawet jednej duszy. Z tego powodu z całej siły i serca modlimy się o królestwo Boże i sprawiedliwość.

Co więcej, po osiągnięciu piątego stopnia wiary, nasza modlitwa podoba się Panu, a zawarte w niej dziękczynienie potrafi Go poruszyć.

Choć w przeszłości modlitwa o Ducha Świętego mogła trwać dość długo, to teraz czujemy, że za sprawą Ducha Świętego nasza modlitwa wznosi się do nieba już w chwili, kiedy do niej klękamy.

W trakcie modlitwy niezmiernie trudno jest odrzucić grzech. Jednak przychodzi nam to z łatwością, kiedy z wielką miłością do Pana modlimy się wierząc, że otrzymamy moc Bożą konieczną do zbawienia wielu ludzi.

Czynienie znaków i cudów

Kiedy żarliwie modlimy się do Pana o moc potrzebną do zbawienia ludzi, mogą przez nas objawiać się niebywałe znaki i cuda. Służą one potwierdzeniu, że w wierze tej osoby, Bóg ma upodobanie.

Jezus dokonywał wiele znaków i cudów podczas swej posługi na Ziemi. W Ewangelii Jana 4,48 rzekł: *„Jeśli nie ujrzycie znaków i cudów, nie uwierzycie."* Powiedział tak, ponieważ dzięki znakom i cudom mógł z łatwością sprawić, że ludzie wierzyli w Boga.

Także w dzisiejszych czasach Bóg wyznacza ludzi, poprzez których czyni znaki i cuda. Czasami przewyższają one nawet te, uczynione przez Jezusa (Jan 14,12). W samym moim kościele było ich bardzo wiele.

Przyjrzyjmy się bliżej cudom i znakom czynionym przez osoby, w których wierze Bóg ma upodobanie. Znak to zewnętrzna manifestacja mocy Bożej w sposób, który przekracza możliwości człowieka. Przykłady znaków są liczne: niewidomy odzyskuje wzrok, niemowa zaczyna mówić, osoba głucha słyszeć, zbyt krótka noga zostaje wydłużona, przygarbione plecy wyprostowane, a porażenie mózgowe wyleczone.

Na temat znaków Jezus wypowiada się w Ewangelii Marka 16,17-18:

„Tym zaś, którzy uwierzą, te znaki towarzyszyć będą: w imię moje złe duchy będą wyrzucać, nowymi językami mówić będą; węże brać będą do rąk, i jeśliby co zatrutego wypili, nie będzie im szkodzić. Na chorych ręce kłaść będą, i ci odzyskają zdrowie."

Fragment „tym zaś, którzy wierzą" oznacza wszystkich ludzi, którzy mają wiarę ojca. Czynione przez nich znaki można przyporządkować do pięciu kategorii, lecz powrócimy do nich w następnym rozdziale.

Pośród wielu innych dzieł Bożych cudem określamy zmianę pogody, do czego zalicza się przesuwanie chmur lub ciał niebieskich, sprowadzenie lub zatrzymanie opadów deszczu i tym podobne.

Według zapisu biblijnego, kiedy Samuel modlił się do Pana, ten zesłał grzmoty i deszcz (1 Sm. 12,18). Gdy prorok Izajasz zawołał do Boga, *„Pan sprawił, że cień cofnął się o dziesięć stopni wstecz (...)"* (2 Król. 20,11). Także Eliasz *„modlił się* *usilnie, żeby nie było deszczu; i nie było deszczu na ziemi przez trzy lata i sześć miesięcy. Potem znowu modlił się i niebo spuściło deszcz, i ziemia wydała swój plon"* (Jak. 5,17-18).

Podobnie Bóg, który kocha ludzi, prowadzi ich na drogę zbawienia, czyniąc poprzez wybrańców namacalne znaki i cuda. Dlatego powinniśmy mocno wierzyć w zapisane w Biblii Słowo Boże oraz starać się uzyskać wiarę, w której Bóg będzie miał upodobanie.

4. Wierność w domu Bożym

Osoby na pierwszym lub drugim poziomie wiary mogą tymczasowo znaleźć się na poziomie piątym, ponieważ kiedy po raz pierwszy otrzymują Ducha Świętego, mają Go w sobie tak dużo, że nie obawiają się śmierci. Dziękują Panu, sumiennie się modlą, głoszą ewangelię i uczęszczają na każdą mszę świętą. Wszystkie ich prośby zostają spełnione, ponieważ na krótko udało im się osiągnąć tak dużą wiarę. Następnie, wraz z utratą Ducha Świętego, maleje również wielkość ich wiary.

Tymczasem osoby na piątym poziomie wiary nigdy się nie zmieniają. Są zawsze całkowicie wypełnione Duchem Świętym, dzięki czemu doskonale kontrolują umysł, co z kolei pozwala im żyć zupełnie inaczej od osób na pierwszym lub drugim poziomie wiary. Podobają się Panu, ponieważ dochowują wierności w domu Bożym.

W 4 Księdze Mojżeszowej 12,3 napisano o Mojżeszu: *„Mojżesz był człowiekiem bardzo skromnym, najskromniejszym ze wszystkich ludzi, którzy są na ziemi"*, a dalszy wers 7 brzmi:

„Lecz nie tak jest ze sługą moim, Mojżeszem. W całym moim domu jest on wiernym." Co to znaczy „być wiernym w domu Bożym"? Dlaczego Bóg znajduje upodobanie w wierze tylko tych, którzy są jak Mojżesz wierni w Jego domu?

Znaczenie wierności w całym domu Bożym

Osoba wierna w całym domu Bożym posiada wiarę równą Chrystusowej, która nazywana jest „całkowitą wiarą duchową" i czyni wszystko z nastawieniem charakterystycznym dla Jezusa Chrystusa. Jej dzieła nie są produktem myśli, ale mają źródło w sercu i duchu.

Odkąd osiągnęła stan boskości lub inaczej mówiąc mentalność Chrystusa, nie będzie się spierała i nie będzie krzyczała, trzciny nadłamanej nie dołamie, a lnu tlejącego nie zagasi (Mat. 12,19-20). Osoba, która posiądzie taką wiarę, ukrzyżowała swoją grzeszną naturę wraz z jej wszystkimi namiętnościami i pragnieniami. Dzięki temu może wiernie wykonywać swoje posłannictwo.

Nie pozostało w niej nic z „ja", a tylko serce Chrystusa i serce ducha, ponieważ wyrzekła się tego, co przyziemne. Nie przywiązuje wagi do ziemskich ideałów jak honor, władza i bogactwo.

Zamiast nich jej serce przepełnia nadzieja na to, co wieczne. Zastanawia się, jak na tym świecie może budować królestwo Boże i świadczyć o jego sprawiedliwości, jak może zostać dobrą osobą w niebie i kochaną przez Boga Ojca oraz, jak po zgromadzeniu nagród w niebie będzie żyła wiecznie w szczęściu.

W rezultacie, potrafi wiernie wypełniać swoje posłannictwo, ponieważ motywacja do realizacji tych celów pochodzi z jej serca.

Ludzie, którzy wypełniają na Ziemi posłannictwo budowania królestwa Bożego i świadczenia o jego sprawiedliwości, różnią się miedzy sobą stopniem oddania Bogu. Jeśli osoba robi tylko to co musi, to zaledwie spełnia swój obowiązek.

Na przykład, kiedy kogoś zatrudniamy i osoba ta wykonuje przydzieloną pracę, za którą jej płacimy, to nie mówimy o niej, że jest „wierna w całym domu", nawet jeśli swoje obowiązki wypełni dobrze. Tak powiemy o człowieku, który wypełni przydzielone zadanie i doda coś od serca. Oczywiście nie mamy tutaj na myśli dóbr materialnych.

Nie powiemy, że jesteśmy „wierni w całym domu Bożym", choćbyśmy z miłości do Boga odrzucili wszystkie grzechy i mając uświęcone serce, wypełnili wszystkie nasze powinności. Dopiero, gdy pełni wiary z własnej woli damy od siebie dużo więcej i będziemy posłuszni nawet za cenę życia, będziemy mogli mienić się „wiernymi w całym domu Bożym."

Wierność w domu Bożym

Miłość do Jezusa Chrystusa, posiadanie opisanej w 1 Liście do Koryntian 13 miłości duchowej i wydawanie wspomnianych w Liście do Galacjan 5 owoców Ducha Świętego jest równoznaczne z tym, że osiągnęliśmy czwarty poziom wiary. Do tego wszystkiego możemy osiągnąć wiarę, w której Bóg będzie miał upodobanie. Musimy jednak spełnić dwa dodatkowe warunki. Otrzymać Osiem Błogosławieństw, o których mowa w

Ewangelii Mateusza 5 i być wiernymi w całym domu Bożym. Dlaczego tak jest? Miłość polegająca na wydawaniu owoców Ducha Świętego różni się od miłości zdefiniowanej w 1 Liście do Koryntian 13. W pierwszym przypadku owoc Ducha Świętego symbolizuje nieskończoną miłość, poprzez którą wypełnione zostaje prawo, natomiast Księga Koryntian mówi o miłości duchowej. Miłość w postaci owoców Ducha Świętego obejmuje większy zakres niż miłość opisana w 1 Liście do Koryntian 13. Innymi słowy, jeśli do ofiary Jezusa Chrystusa, który zmarł na krzyżu i poprzez Jego miłość do ludzi wypełniło się prawo, dodamy miłość opisaną w 1 Koryntian 13, wtedy będziemy mogli nazywać ją „miłością w postaci owoców Ducha Świętego."

Największa radość ma swe źródło w duchowym szczęściu i spokoju, gdy w miarę dojrzewania miłości duchowej zanika w nas to, co przyziemne. Radość ma sens jedynie wtedy, gdy jesteśmy przepełnieni tym co dobre: widzimy, słyszymy i myślimy tylko dobro.

Do nikogo nie odczuwamy nienawiści, ponieważ nie ma w nas nienawiści. Jesteśmy radośni, ponieważ zamiast żywić negatywne uczucia, wolimy służyć innym, dawać im to, co dobre i poświęcać się dla nich. Mimo, że żyjemy na tym świecie, nie biegamy za rzeczami przyziemnymi, kierując się egoizmem. Przepełnia nas boska nadzieja, gdy myślimy o tym, jak możemy przyczynić się do powiększenia królestwa Bożego i pomagać ludziom na drodze do zbawienia, a tym samym podobać się Bogu. Doświadczamy wtedy prawdziwego szczęścia i spokoju, co z kolei pozwala nam żyć w pokoju z bliźnimi.

W zależności od tego, jak współżyjemy z innymi ludźmi,

stajemy się cierpliwi. Cierpliwość pozwala nam okazywać życzliwość i współczucie. Osiągamy taki stan boskości, ponieważ w swojej życzliwości nie spieramy się i nie krzyczymy, trzciny nadłamanej nie dołamujemy, a lnu tlejącego nie zagaszamy. Ludzie, którzy osiągnęli ten stan, potrafią być wierni duchowo, ponieważ wyzbyli się samolubstwa.

Wielkość wiary jest inna u każdego wierzącego i zależna od serca. Im łagodniejsze, tym możemy osiągnąć większą wielkość wiary. Łagodność możemy ocenić po wierności w całym domu Bożym. Taka osoba będzie spełniała swoje powinności w domu, pracy, w relacjach z bliźnimi i w kościele. Taką osobą był Mojżesz, najskromniejszy człowiek jaki żył na Ziemi. Posłusznie wypełniał wszystkie swoje obowiązki.

Co więcej jak możemy być doskonali, jeśli najpierw nie zapanujemy nad sobą? Opanowanie musi towarzyszyć wierności w cały domu Bożym, ponieważ bez niego niezmiernie trudno będzie osiągnąć równowagę w poszczególnych obszarach życia. Bez opanowania, jeśli nawet wydamy pozostałe osiem owoców Ducha Świętego, nie będziemy w stanie być wiernymi w całym domu Bożym.

Na przykład, przypuśćmy, że umówiliśmy się z przyjacielem na spotkanie zaraz po zakończeniu cotygodniowej narady w firmie. Bardzo niegrzeczne byłoby z naszej strony, gdybyśmy się na nie spóźnili lub telefonicznie przełożyli spotkanie nie dlatego, że narada się przeciągnęła, ale ponieważ postanowiliśmy zostać i porozmawiać ze znajomymi z pracy. Tak samo, jak możemy być wierni w całym domu Bożym, jeśli nie potrafimy panować nad sobą i dotrzymać małej obietnicy lub wywiązać się z innej równie małej powinności? Musimy zdawać sobie sprawę z faktu, że tylko wtedy będziemy wierni w całym domu Bożym, gdy dzięki opanowaniu osiągniemy równowagę w życiu.

Miłość duchowa, Owoce Ducha Świętego i Osiem Błogosławieństw

Po osiągnięciu miłości duchowej i wydaniu owoców Ducha Świętego, a następnie ich praktykowaniu, otrzymujemy Osiem Błogosławieństw. Błogosławieństwa odnoszą się do naszego charakteru. Jeśli tylko praktykujemy je codziennie i dbamy o nie w naszym sercu, możemy być wierni w całym domu Bożym.

W ciągu całej historii Korei wielu królewskich doradców traktowało każdą sprawę państwową, jakby dotoczyła ich osobiście. W ten sposób mogli najlepiej służyć królowi, pomagając mu podjąć właściwe decyzje, choć często wiązało się z to z groźbą osobistego cierpienia lub nawet śmierci. Kochali jak samych siebie nie tylko króla, ale cały naród, a swoją pracą dawali wyraz tej miłości.

Z jednej strony, doradcy służyli królom do końca, ryzykując własne życie. Z drugiej strony niektórzy z nich, wydawać by się mogło lojalni, rezygnowali z pełnionej funkcji i decydowali się na życie w odosobnieniu, ponieważ król nie słuchał ich szczerych i powtarzanych raz za razem rad. Jednak wierni doradcy i poddani nie zachowywali się w taki sposób. Pozostawali oddani królowi, jeśli nawet ignorował lub odrzucał ich porady. Często zdarzało się, że władca uraził ich honor lub wyśmiał ich bez wyraźnego powodu. Mimo to, nie żywili do niego urazy i nie zmieniali swojego zdania, choćby mieli stracić życie.

Charakter, jako środek do celu i cecha serca

Aby w pełni zrozumieć, co znaczy wierność w całym domu Bożym, rozpatrzmy charakter w kontekście środka prowadzącego do celu i cechy, która charakteryzuje serce człowieka.

Jak wiemy charakter każdego z nas różni się, zależnie od tego jak dobre serce jest nasze serce, lub jak potrafmy się zmienić, aby nasze serce było łagodne. Dlatego charakter ocenić można po stopniu posłuszeństwa danej osoby.

Co najbardziej wpływa na kształt charakteru? Zależy on od tego, w jaki sposób podchodzimy do Słowa Bożego i w jakim stopniu działamy pod wpływem idei, które radują nasze serce. Osoba o dobrym charakterze gromadzi Słowo Boże i rozmyśla nad nim w sercu jak Maria: *„Maria zaś zachowywała wszystkie te słowa, rozważając je w sercu swoim"* (Łuk. 2,19).

Charakter zależy także od tego, jak bardzo poszerzamy swoje horyzonty i rozwijamy się podczas wykonywania swoich obowiązków. Na przykładzie osób, które na tę samą sytuację zareagują inaczej, możemy rozróżnić cztery rodzaje charakterów.

Pierwszy typ osób robi więcej niż im się każe. Na przykład, kiedy rodzice poproszą swoje dziecko o podniesienie z podłogi śmiecia, ono nie tylko go uprzątnie, ale powyciera kurze i wyrzuci śmieci. Takie dziecko, które przekracza oczekiwania rodziców, jest dla nich źródłem radości i satysfakcji. Jak bardzo musi być przez nich kochane? Diakoni Stefan oraz Filip byli takimi osobami. Wyrośli na osoby o otwartym umyśle i jak apostołowie potrafili czynić wiele cudów i niebywałych znaków pośród ludzi (Dz.Ap. 6).

Drugi typ osoby wykonuje tylko to, co do niego należy.

Przykładem może być dziecko, które podniesie śmieć z podłogi tylko wtedy, gdy poproszą go o to rodzice. Nadal będzie kochane, ponieważ jest posłuszne, jednak nie będzie już dla rodziców źródłem radości. Trzeci typ osoby nie wykonuje swoich obowiązków. Jest tak nieczuły i obojętny, że denerwuje go, gdy ktoś poprosi go o wykonanie czegokolwiek. Do tej grupy należą ludzie, którzy twierdzą, że kochają Boga, ale nie modlą się ani nie troszczą się o innych. Zaliczają się do niej też kapłan i Lewita z jednej z Jezusowych przypowieści, którzy obojętnie przeszli obok Samarytanina, który w drodze z Jerozolimy do Jerycha wpadł w ręce zbójców, został obrabowany i półżywy leżał na poboczu drogi (Łuk. 10). Osoby takie nie mają w sobie miłości i zdolne są czynić to, czego Bóg nienawidzi najbardziej: potrafią zdradzać, być aroganccy i dopuszczać się cudzołóstwa.

Ostatni typ osób jest najgorszy i uniemożliwia innym wykonywanie danego zadania. Lepiej dla takiego człowieka, gdyby w ogóle nie podejmował się swojej pracy. Do tej grupy należałoby na przykład dziecko, które na prośbę rodziców o podniesienie z podłogi śmiecia, denerwuje się i ze złości rozbija doniczkę.

Hojne serce, a wiara w całym domu Bożym

Jak się dowiedzieliśmy, każdy z nas może przynależeć do jednej z grup definiowanych przez charakter i w pełni służyć Bogu, gdy wykonuje więcej niż się od niego oczekuje. Zależy to głównie od tego, jak wielką ta osoba żywi nadzieję, jak postrzega otoczenie i jak bardzo się stara. Niezależnie czy rozpatrujemy nasze obowiązki w kościele, w pracy, czy domu.

Dlatego, gdy ktoś przekazane mu do wypełnienia zadanie skwituje szybkim „Amen", to jego charakter na pewno jest mocny i doprowadzi go do celu. Jeśli dodatkowo zrobi więcej niż się od niego oczekuje, to powiemy, że ma hojne serce. W tym sensie wierność w całym domu Bożym określana jest wielkością hojności, a od stopnia hojności zależy szczerość.

Przyjrzyjmy się niektórym ludziom, którzy byli wierni w całym domu Bożym. W 4 Księdze Mojżeszowie 12,7-8 możemy poznać, jak bardzo Bóg kochał Mojżesza, który był wierny całemu domowi Bożemu. Wersy te mówią nam, jak bardzo jest to ważne.

„Lecz nie tak jest ze sługą moim, Mojżeszem. W całym moim domu jest on wiernym. Z ust do ust przemawiam do niego, I jasno, a nie w zagadkach. I prawdziwą postać Pana ogląda on. Dlaczego więc ośmieliliście się Wypowiadać się przeciwko słudze memu, Mojżeszowi?"

Mojżesz tak, jak niezmiennie miłował Boga, tak samo kochał swój lud i rodzinę. Nigdy nie sprzeciwiał się nałożonym na niego obowiązkom. Zawsze na pierwszym miejscu stawiał rzeczy wieczne, nigdy chwałę czy bogactwa, dlatego Bóg miał w nim upodobanie. Był tak bardzo lojalny, że gdy Izraelici zgrzeszyli, poprosił Boga, aby ocalił ich w zamian za jego życie.

Jak Mojżesz zareagował, gdy przez 40 dni pościł i po powrocie z tablicami zawierającymi dziesięć przykazań Bożych zastał swoich ludzi wielbiących bożka ze złota? Większość osób pewnie rzekłaby: „Boże, mam już ich dość! Proszę zrób z nimi co uważasz za słuszne!" Natomiast on wstawił się za nimi i prosił Boga, aby wybaczył im grzechy. Kochał ich tak bardzo, że był gotów poświęcić swoje życie, dając je jako swego rodzaju poświadczenie za swój lud.

Podobnie było z Abrahamem, praojcem wiary. Gdy Bóg planował zniszczyć miasta Sodomę i Gomorę, Abraham nie pozostał obojętny. Błagał Boga, aby ocalił tych ludzi: *„Może jest w tym mieście pięćdziesięciu sprawiedliwych; czy także ich zgładzisz i nie przebaczysz miejscu temu przez wzgląd na pięćdziesięciu sprawiedliwych, którzy są w nim?"* (1 Moj. 18,24).

Następnie prosił Boga o litość, aby nie niszczył tych miast nawet gdyby nie było tam pięćdziesięciu sprawiedliwych, a czterdziestu pięciu. Podobnie błagał Boga, aby oszczędził te miasta, nawet gdyby było tam tylko czterdziestu, trzydziestu pięciu, trzydziestu, dwudziestu, a nawet dziesięciu sprawiedliwych. W końcu otrzymał ostateczną odpowiedź od Pana: *„Nie zniszczę ze względu na tych dziesięciu"* (1 Moj. 18,32). Mimo to dwa miasta zostały zniszczone, ponieważ nie znalazło się w nich nawet dziesięciu sprawiedliwych.

Ponadto Abraham oddał swojemu bratankowi o imieniu Lot prawo do wyboru ziemi, gdy ta, na której żyli, przestała im wystarczać. W ich posiadaniu były wielkie połacie pól. Lot wybrał tę, która wydawała mu się najlepsza i osiedlił się na niej.

Po upływie pewnego czasu, Sodoma i Gomora zostały podbite. Wielu ludzi zostało wziętych w niewolę, a wśród nich

Wiara miła Bogu

Lot, bratanek Abrahama. Wtedy Abraham, ryzykując życie, ruszył wraz z 318 ludźmi w pogoń, odbił Lota, uwolnił więźniów i odzyskał posiadłości.

W owym czasie, król Sodomy powitał Abrahama i rzekł: *„Daj mi ludzi, a zabierz sobie dobytek"* (1 Moj. 14,21). Lecz Abraham nie chciał, aby te łupy stały się jego udziałem i odpowiedział: *„Nie wezmę ani nitki, ani rzemyka sandałów, ani niczego z tego wszystkiego, co należy do ciebie, abyś nie mógł powiedzieć: To ja wzbogaciłem Abrama"* (wers 23). I rzeczywiście zwrócił wszystkie rzeczy, które należały do króla Sodomy (1 Moj. 14,1-24).

Podobną postawę przyjmował Abraham, kiedy spotykał kogoś na swej drodze. Nie czynił nikomu szkody, ani nikogo nie niepokoił. Pocieszał ludzi, dawał im szczęście i nadzieję, kochał ich i szczerze im służył.

Jak być wiernym w całym domu Bożym

Mojżesz i Abraham byli ludźmi wielce hojnymi, szczerymi, doskonałymi i prawdomównymi, a przy tym niczego nie zaniedbywali. Co my powinniśmy zrobić, aby być wiernymi w całym domu Bożym?

Po pierwsze, musimy wszystko poddać sprawdzianowi i pozostać przy tym, co dobre. Nie odrzucajmy ognia Ducha i traktujmy fałszywe przepowiednie z pogardą. Innymi słowy, powinniśmy widzieć, słyszeć i myśleć o dobru i boskości. Musimy mówić tylko prawdę oraz chodzić tylko tam, gdzie jest dobro.

Po drugie, musimy wyzbyć się egoistycznego ja i poświęcić je na rzecz duchowej miłości i wiary w królestwo Boże i Jego sprawiedliwość. Aby to osiągnąć, musimy ukrzyżować swoją grzeszną naturę wraz z jej wszystkimi namiętnościami i pragnieniami. Wtedy będziemy zdolni określić priorytety w swoim życiu. Kiedy zapragniemy rzeczy duchowych i podejmiemy działania, aby je osiągnąć, to w naszych czynach Bóg będzie miał upodobanie.

Musimy z całego serca starać się posiąść wiarę, dzięki której będziemy kochali Boga ponad wszystko. Zwłaszcza jeśli nasza wiara jest już twarda jak skała. Gdy osiągniemy tę wiarę, musimy jak najszybciej znaleźć się na etapie wierności w całym domu Bożym, a Pan będzie miał w nas upodobanie.

Osiągnięcie takiej wiary można porównać do zakończenia etapu szkoły. Po ostatnich egzaminach wychodzimy w świat, gdzie wykorzystujemy nabyte umiejętności, aby osiągnąć sukces.

Podobnie, po osiągnięciu czwartego poziomu wiary, świat duchowy stanie przed nami otworem, który jest z natury nieskończenie wielki i nie sposób określić jego rozmiarów.

Po osiągnięciu piątego poziomu wiary zaczynamy powoli rozumieć hojne serce Boże. Dociera do nas, jak wielką miłością darzy nas Bóg. Jak wiele w Nim miłości, litości, przebaczenia, życzliwości i dobroci. Zaczynamy tez doświadczać Jego wspaniałą miłość, gdy czujemy, jak przechadza się wraz z nami. Często zdarzy się nam też na samą myśl o Bogu wybuchnąć płaczem.

Dlatego powinniśmy stać się ludźmi hojnymi, posłusznymi, oddanymi i kochającymi. Powinniśmy uświadomić sobie różnice występujące między czwartym a piątym poziomem wiary pod względem duchowej miłości i poświęcenia. Mam nadzieję, że posiadając wiarę, w której Bóg ma upodobanie, wszystkie nasze prośby zostaną wysłuchane i spełnione; że każdy zostanie pobłogosławiony wystarczająco, aby poprzez żarliwą modlitwę czynić znaki i cuda.

Modlę się w imieniu Pana naszego, Jezusa Chrystusa, abyśmy wszyscy cieszyli się błogosławieństwami przygotowanymi dla nas przez Pana!

Rozdział 9

Znaki, które towarzyszą wierzącym

Miara Wiary

1
Wypędzanie demonów
2
Mówienie nowymi językami
3
Podnoszenie węży gołymi rękoma
4
Odporność na śmiertelne trucizny
5
Uzdrawianie chorych za pomocą nakładania rąk

*„A takie znaki będą towarzyszyły tym,
którzy uwierzyli:
w imieniu moim demony wyganiać będą,
nowymi językami mówić będą,
Węże brać będą,
a choćby coś trującego wypili,
nie zaszkodzi im.
Na chorych ręce kłaść będą,
a ci wyzdrowieją."*

(Mar. 16,17-18)

W Biblii możemy znaleźć wiele fragmentów, dotyczących znaków, które uczynił Jezus. Znaki mają miejsce dzięki mocy Bożej, nieosiągalnej dla ludzi. Jaki był pierwszy znak uczyniony przez Jezusa? Zgodnie z Ewangelią Jana 2,1-11 była nim przemiana wody w winno podczas wesela w Kanie Galilejskiej. Gdy Jezus nabrał pewności, że nie ma już więcej wina, poprosił służących, aby napełnili wodą sześć stągwi kamiennych. Następnie zaczerpnęli z nich i zanieśli gospodarzowi oraz gościom. Gdy gospodarz skosztował wina, w które przemieniona została woda, zaczął chwalić jego doskonały smak.

Dlaczego Syn Boży jako pierwszego znaku dokonał przemiany wody w wino? Wydarzenie to ma wiele duchowych znaczeń. Kana Galilejska symbolizuje nasz świat, a przyjęcie weselne ostatnie jego chwile, podczas których ludzie jedzą do pełna, upijają się i skażeni są złem (Mat. 24,37-38). Woda odnosi się do Słowa Bożego, a wino do bezcennej krwi Jezusa Chrystusa.

Podsumowując, znak przemiany wody w wino zawiera przepowiednię o krwi Jezusa, która po Jego ukrzyżowaniu da ludzkości życie wieczne. To, że goście weselni chwalili wino za jego dobry smak, radość z tego, że ich grzechy na mocy krwi Jezusa zostają odpuszczone, a oni sami zyskują nadzieję na życie wieczne.

Po dokonaniu przemiany wody w wino w Kanie Galilejskiej,

Jezus uczynił wiele kolejnych znaków. Ocalił umierające dziecko, nakarmił pięć tysięcy ludzi, mając do dyspozycji pięć bochenków chleba i dwie ryby, wypędzał demony, przywrócił wzrok ślepcowi oraz życie Łazarzowi, który od czterech dni był martwy.

Co było celem Jezusa, kiedy dokonywał znaków i cudów? Jak sam rzekł w Ewangelii Jana 4,48: *„Jeśli nie ujrzycie znaków i cudów, nie uwierzycie"*, było nim zbawienie jak największej liczby osób oraz doprowadzenie do tego, by uwierzyły. Z tego samego powodu i dziś Bóg, dla którego pojedyncza dusza cenniejsza jest od całego wszechświata, czyni znaki poprzez ludzi wierzących, którzy wierzą tak mocno, że gotowi są poświęć swoje życie dla zbawienia ludzi.

Przyjrzyjmy się dokładniej znakom czynionym przez ludzi, w których wierze Bóg ma upodobanie.

1. Wypędzanie demonów

Choć wiele osób twierdzi się, że demonów nie ma, Biblia wyraźnie mówi o ich istnieniu. Demon jest pewnym rodzajem złego ducha, który sprzeciwia się Bogu. Na ogół zwodzi ludzi, którzy czczą inne bożki. Sprowadza na nich kłopoty, poddaje ich rozmaitym próbom, a wszystko po to, by służyli mu bardziej sumiennie.

Jeśli jednak szczerze wierzymy, naszą powinnością jest zapanować nad nimi i wypędzić je, tym samym wypełniając wolę Jezusa: *„Tym zaś, którzy uwierzą, te znaki towarzyszyć będą: w imię moje złe duchy będą wyrzucać."*

Także w Ewangelii Jana 1,12 jest napisane: „*Tym zaś, którzy go przyjęli, dał prawo stać się dziećmi Bożymi, tym, którzy wierzą w imię jego.*" Jakże wstydliwe byłoby dla nas jako dzieci Bożych, obawiać się demonów lub podlegać ich wpływom? Demony czasami nawiedzają niedawno nawrócone osoby, które mają jeszcze wiary duchowej. Zwłaszcza, gdy te oddalą się w odosobnione miejsce, aby oddać się modlitwie. W rzadkich wypadkach dochodzi do opętania, co ma miejsce, gdy ktoś prosi o moc Bożą i spełnienie próśb, a nie wyzbył się tkwiącego w sobie zła.

Takim osobom powinien towarzyszyć przywódca duchowy, który pozwoli im modlić się w spokoju i w odosobnieniu, ponieważ w imię Jezusa Chrystusa wypędzi demony.

Wypędzanie demonów w imię Jezusa Chrystusa

To samo odnosi się do pastorów i pracowników kościoła, którzy odwiedzają wiernych. Kiedy określą, czy jest to sprawa duchowa, powinni wypędzać demony, dzięki czemu wierni będą mogli otworzyć swe serca, otrzymać łaskę Bożą i słuchając Słowa Bożego, posiąść wiarę. Jednak wizyta może zakończyć się niepowodzeniem, jeśli wcześniej nie wypędzimy szatana. Wierny, którego odwiedziliśmy, może nie otworzyć swojego serca, nie otrzymać łaski i nie uwierzyć. Każdy, kto ma duchowe oczy szeroko otwarte potrafi z łatwością odróżnić złe duchy. Jest to szczególnie ważne, bo choć niektórzy są opętani całkowicie, to u większości osób demony kontrolują tylko myśli.

Gdy umysł tych osób znajduje się pod wpływem szatana, występują one przeciw prawdzie. Zwykle powodem jest słaba wiara lub pozostałości grzesznej natury, takie jak skłonności do cudzołóstwa, kradzieży, kłamstw, złości, zazdrości lub nienawiści. Kiedy usłyszą Słowo Boże wygłoszone przez pastora, który posiada duchową moc wypędzania demonów w imię Jezusa Chrystusa, ich nastawienie może ulec zmianie. Ludzie często skruchę okazują płaczem, ponieważ czują się głęboko poruszeni lub uświadamiają sobie swoje grzechy. Dzięki Jezusowi otrzymają silną wiarę i siłę do walki z demonami. Po kilku miesiącach dostrzegą, jak bardzo zmienił się ich charakter i wiara. W ten sposób będą mogli całkowicie zmienić swoje nastawienie do prawdy.

We wszystkich czterech ewangeliach ukazane są osoby, które po spotkaniu Jezusa doznały wewnętrznego przemienienia. Na przykład, apostoł Jan był z początku człowiekiem wybuchowym, którego nazwano nawet synem gromu (Mar. 3,17), jednak pod wpływem Jezusa przemienił się i odtąd zwano go „apostołem miłości."

Każdy, kto posiada wiarę całkowitą jest w stanie wywierać wpływ na innych tak, jak czynił to Jezus. Potrafi też wypędzać demony w Jego imię, ponieważ ma moc panowania nad szatanem.

Jak wypędzać demony

Wypędzając demony, napotkamy na różne sytuacje. Czasami demon odchodzi już po jednej modlitwie, innym razem nie pomoże nawet setka pacierzy. Pierwsza sytuacja dotyczy zazwyczaj osób wierzących opętanych przez demona. Bóg odwrócił się od nich, ponieważ zawiodły Go w jakiś sposób. Gdy taki człowiek po otrzymaniu modlitwy okaże skruchę płaczem, demon zostanie z łatwością wypędzony. Dzieje się tak, ponieważ osoba ta wierzy i zna Słowo Boże. Kiedy natomiast wypędzenie demona jest bardzo trudne? Kiedy bardzo zły duch opęta osobę niewierzącą, dla której prawda jest jeszcze nieznana. Takiemu człowiekowi, zwłaszcza gdy opęta go demon, nie jest łatwo uwierzyć, ponieważ mocno zakorzeniło się w nim zło. Aby wyzwolić taką osobę, ktoś musi pomóc jej w osiągnięciu wiary, zrozumieniu prawdy, okazaniu skruchy i zburzeniu ściany grzechu.

Innym przypadkiem są rodzice, w których chrześcijańskim życiu pojawiają się problemy. Wtedy ofiarą opętania może paść ich ukochane dziecko. W tym wypadku demon opuści go, jeśli rodzice okażą żal za swe grzechy i na powrót umocnią się w wierze, a tym samym ponownie wstąpią na drogę zbawienia.

Zdarzają się też przypadki wpływu sił ciemności. Osoba, która dostanie się pod ich działanie wiedzie pełne męczarni życie w wierze, ponieważ ma problemy z otworzeniem swojego serca, a przyziemne myśli, wątpliwości i zmęczenie powstrzymują ją od słuchania Słowa Bożego.

Taka sytuacja ma najczęściej miejsce, gdy siły ciemności uzyskują dostęp do danej rodziny, ponieważ któryś z jej przodków czcił bożki lub parał się magią. Mimo to wpływ ten zaniknie, gdy poprzez słuchanie Słowa Bożego i szczerą modlitwę, osoba ta przemieni się w dziecko Boże.

Należy jednak pamiętać, że Bóg nienawidzi bałwochwalstwa tak bardzo, że pomiędzy Nim a bałwochwalcą powstaje potężny mur grzechu. Dlatego aż do jego całkowitego zniszczenia, taka osoba powinna podejmować jak największe starania, aby żyć w prawdzie. Wpływ sił ciemności może zostać szybko przerwany, jeśli dotknięty nim człowiek będzie żarliwie się modlił i wróci do Boga.

Kiedy demony nie chcą opuścić opętanego

W jakich okolicznościach demony nie chcą odejść, nawet gdy są wypędzane w imię Jezusa Chrystusa? Zazwyczaj demony nie opuszczają osób, które przestały wierzyć w Pana, a po odwróceniu się od Niego ich świadomość została wypalona rozgrzanym żelazem. Taka osoba nie może powrócić do Boga mimo usilnych starań, ponieważ fałsz całkowicie zastąpił w niej dobro.

Dlatego w 1 Liście Jana 5,16 jest napisane: *„Istnieje taki grzech, który sprowadza śmierć. W takim wypadku nie polecam, aby się modlono."* Innymi Słowy Bóg pozostaje obojętny na modlitwy takiej osoby.

Co to za grzech, który sprowadza śmierć? Jest nim bluźnierstwo lub występowanie przeciwko Duchowi Świętemu. Grzech ten jest niewybaczalny. Dlatego osoba, która go popełni nie zostanie zbawiona.

W Ewangelii Mateusza 12,31 Jezus ostrzega, że bluźnierstwo przeciwko Duchowi nie będzie odpuszczone. Taki bluźnierca z własnej woli ocenia, potępia i obraca w niwecz dzieła Ducha Świętego. Na przykład bluźnierstwem jest głoszenie, że kościół, w którym dokonują się dzieła Boże jest heretycki (Mar. 3,20-30).

Ewangelia Mateusza 12,32 zawiera następujące słowa Jezusa: *„Jeśliby ktoś rzekł słowo przeciwko Synowi Człowieczemu, będzie mu odpuszczone; ale temu, kto by mówił przeciwko Duchowi Świętemu, nie będzie odpuszczone ani w tym wieku*

Znaki, które towarzyszą wierzącym 189

ani w przyszłym." O tym samym mówią słowa Jezusa zapisane w Ewangelii Łukasza 12,10: *„Każdemu, kto powie słowo przeciwko Synowi Człowieczemu, będzie odpuszczone; lecz kto by bluźnił przeciwko Duchowi Świętemu, temu nie będzie odpuszczone."* Każdemu, kto wypowiada się przeciwko Synowi Człowieczemu, a niewiele o Nim wie, zostanie przebaczone. Jednak ten, kto bluźni i występuje przeciwko Duchowi Świętemu, nie otrzyma odpuszczenia grzechów. Zamiast drogą zbawienia, będzie kroczył drogą śmierci, ponieważ obraca w niwecz dzieła Boże i bluźni, choć przyjął Jezusa Chrystusa do serca i otrzymał Ducha Świętego. Wiedząc, że tego rodzaju grzechy są zbyt ciężkie, aby otrzymać przebaczenie a tym bardziej zbawienie, nigdy nie powinniśmy wypowiadać się przeciwko Duchowi.

W Liście do Hebrajczyków 10,26 jest napisane, że jeśli dobrowolnie grzeszymy po otrzymaniu pełnego poznania prawdy, to już nie ma dla nas ofiary przebłagalnej za grzechy. Poprzez poznanie Słowa Bożego powinniśmy dobrze wiedzieć, czym jest grzech i nie czynić zła.

Jeśli jednak dobrowolnie i w pełni świadomie zgrzeszymy, nasza świadomość staje się obojętna na grzech tak, jakby wypalono ją gorącym żelazem. Taki stan ostatecznie prowadzi każdego do zguby, ponieważ uniemożliwia przyjęcie ducha skruchy.

Co więcej, *„Niemożliwe jest tych – którzy raz zostali oświeceni, a nawet zakosztowali daru niebieskiego i stali się uczestnikami Ducha Świętego, zakosztowali również wspaniałości słowa Bożego i mocy przyszłego wieku, a / jednak/ odpadli – odnowić ku nawróceniu. Krzyżują bowiem w* *sobie Syna Bożego i wystawiają Go na pośmiewisko"* (Hebr. 6,4-6).

Osoby, które otrzymały Ducha Świętego, znają Słowo Boże oraz są świadome istnienia nieba i piekła, a mimo to ulegają pokusom tego świata, upadają i hańbią Pana, nie otrzymają odpuszczenia grzechów.

Poza przedstawionymi wyjątkami osób, od których Bóg się odwrócił, każdy z nas może zapanować nad szatanem i ujarzmić zło. Dlatego, kiedy wypędzamy demony w imię Jezusa Chrystusa, nie mogą one zrobić nic innego, jak tylko odejść.

Żyjmy w prawdzie nieustannie się modląc

Jak wielki ból musi odczuwać sługa Boży, gdy demony go nie słuchają, choć wypędza je w imię Jezusa Chrystusa? W takiej sytuacji potrzebujemy mocy od Boga, koniecznej do panowania nad szatanem i złem. Bóg musi mieć w nas upodobanie, abyśmy mogli otrzymać moc i czynić znaki. Upodobanie ze strony Boga osiągniemy poprzez życie w prawdzie, miłowanie Boga oraz nieustanną żarliwą modlitwę.

Niedługo po tym jak założyłem kościół, przybył do mnie zamieszkały w prowincji Gang-won epileptyk. Pragnął spotkać się ze mną po tym, jak usłyszał moje kazanie o uzdrawianiu. Uważał się za dobrego sługę Bożego, ponieważ był nauczycielem w szkółce niedzielnej i członkiem chóru. Jednak nigdy nie porzucił swoich grzechów, lecz nadal je popełniał, ponieważ był niesłychanie arogancki. W konsekwencji jego skalany umysł opanował demon, przez którego człowiek ten niezmiernie cierpiał.

Znaki, które towarzyszą wierzącym 191

Cud uleczenia dokonał się dzięki szczerej modlitwie ojca tego człowieka oraz jego własnemu poświęceniu. Gdy zidentyfikowałem demona i wypędziłem go modlitwą, ten młody mężczyzna padł nieprzytomny na plecy, a z jego ust wydobyła się biała śmierdząca piana. Ostatecznie powrócił do domu uzbrojony w Słowo Boże i stał się nową osobą w Chrystusie. Dużo później doszły mnie wieści, że od tamtej pory wiernie służył w swoim kościele, a swoim uzdrowieniem dawał świadectwo mocy Bożej.

Obecnie wiele osób zostaje uwolnionych od demonów i sił ciemności dzięki mojej modlitwie, która odprawiam nad chustą.

Pewnego razu młody człowiek z koreańskiej prowincji Kyungnam został dotkliwie pobity przez bogatych ludzi, którzy w czasach młodości byli jego szkolnymi przyjaciółmi. Powodem pobicia było to, że odmówił zapalenia papierosa. Człowiek ten cierpiał z powodu niesamowitego bólu i opętał go demon. Zawieziono go do szpitala dla psychiczne chorych, gdzie spędził siedem miesięcy. Jednak demon opuścił go dopiero po mojej modlitwie, którą odprawiłem nad chustą. Wkrótce człowiek ten odzyskał zdrowie i jest teraz wiernym sługą kościoła.

Tego rodzaju dzieła Boże mają także miejsce zagranicą. Na przykład w Pakistanie pewien człowiek świecki cierpiał z powodu złego ducha przez cztery lata. Po modlitwie odprawionej nad chustą demon opuścił go. Zstąpił na niego Duch Święty i otrzymał dar mówienia wieloma językami.

2. Mówienie nowymi językami

Drugim znakiem towarzyszącym ludziom wierzącym jest mówienie nowymi językami. Co to dokładnie oznacza? W 1 Liście do Koryntian 14,15 jest napisane „*Będę się modlił duchem, ale będę się też modlił i umysłem, będę śpiewał duchem, będę też śpiewał i umysłem.*" Z tego fragmentu dowiadujemy się, że duch jest czymś innym niż umysłu. Czym się różni? Każdy z nas ma dwa umysły w swoim sercu: umysł prawdy i umysł fałszu. Umysł prawdy jest duchem, umysłem białym. Umysł fałszu jest umysłem przyziemnym, umysłem czarnym. Po przyjęciu Jezusa Chrystusa do serca, wypełnia się ono duchem, a fałsz zostaje wykorzeniony na tyle, na ile modlimy się i odrzucamy grzech, żyjąc zgodnie ze Słowem Bożym.

Ostatecznie, w miarę upływu czasu, duch wypełnia nasze serce. Wraz z osiągnięciem czwartego stopnia wiary, na którym kochamy Boga ponad wszystko, fałsz zanika zupełnie. Co więcej jeśli nasza wiara podoba się Bogu, Duch wypełnia nasze serce w całości i można o nas powiedzieć, że jesteśmy „pełni ducha." Na tym etapie nasz umysł i duch stanowią jedność.

Mówić nowymi językami

Kiedy taki duch w nas modli się do Boga o natchnienie Ducha Świętego, nazywa się to „modlitwą w wielu językach." Taka modlitwa jest rozmową między nami a Bogiem i bardzo korzystnie wpływa na nasze życie w Chrystusie, ponieważ nie słyszy jej szatan.

Zazwyczaj podczas szczerej modlitwy, której towarzyszy Duch Święty, dzieci Boże otrzymują dar mówienia nowymi językami. Bóg pragnie ofiarować go każdemu.

Gdy żarliwie modlimy się nowymi językami, możemy podświadomie śpiewać, tańczyć lub pod natchnieniem Ducha Świętego wykonywać rytmiczne ruchy. Nawet ktoś, komu na ucho nadepnął słoń, będzie potrafi zaśpiewać bardzo ładnie, a osoba, która nie potrafiła dotąd tańczyć, może pod wpływem Ducha Świętego zatańczyć lepiej od niejednego profesjonalnego tancerza.

Zgłębiając się bardziej w świat duchowy, każdy z nas może doświadczyć wielu nowych przeżyć. Zjawisko to określamy mówieniem nowymi językami. Doświadczymy go, gdy będziemy modlić się nowymi językami na piątym stopniu wiary.

Moc wystarczająca do wypędzenia szatana

Mówienie nowymi językami daje wielką moc, której szatan obawia się do tego stopnia, że odchodzi. Przypuśćmy, że natkniemy się na włamywacza, który będzie chciał dźgnąć nas nożem. W chwili, gdy pomodlimy się nowymi językami, Bóg będzie mógł sprawić, że zmieni on zdanie lub wyśle anioła, który spowoduje, że ramię przestępcy zesztywnieje.

Gdy czujemy niepokój lub nagle ogarnia nas ochota na modlitwę, to znaczy, że Bóg za pomocą Ducha Świętego wpływa na nasz umysł. Wie, że za chwilę coś się nam przydarzy.

Gdy modlimy się, będąc posłuszni Duchowi Świętemu, będziemy też mogli zapobiec niespodziewanym katastrofom lub wypadkom, ponieważ szatan opuści nas, a poprowadzi Bóg.

Dlatego kiedy mówimy nowymi językami, możemy mieć pewność, że szatan nam nie przeszkodzi, ponieważ znajdujemy się pod ochroną i jesteśmy w stanie zapobiec nieprzyjemnym wydarzeniom w domu, pracy i wszędzie tam, gdzie się znajdujemy.

3. Podnoszenie węży gołymi rękoma

Trzecim znakiem towarzyszącym ludziom wierzącym jest podnoszenie węży gołymi rękoma. Czego symbolem jest „wąż"?

W 1 Księdze Mojżeszowej 3,14-15 jest napisane:

„*Ponieważ to uczyniłeś, będziesz przeklęty wśród wszelkiego bydła i wszelkiego dzikiego zwierza. Na brzuchu będziesz się czołgał i proch będziesz jadł po wszystkie dni życia swego! I ustanowię nieprzyjaźń między tobą a kobietą, między twoim potomstwem a jej potomstwem; ono zdepcze ci głowę, a ty ukąsisz je w piętę.*"

Jest to fragment, w którym wąż zostaje przeklęty za skuszenie Ewy. Słowo 'kobieta' odnosi się do Izraela, a „jej potomstwo" oznacza Jezusa Chrystusa. „Ono zdepcze ci głowę" przepowiada nadejście Jezusa Chrystusa, który pokona śmierć i szatana. Z kolei „ukąsisz je w piętę" zapowiada ukrzyżowanie Jezusa przez szatana.

Możemy też jasno odczytać, że wąż odnosi się do szatana. Jest on także wspomniany w Objawieniu Jana 12,9: „*I zrzucony*

Znaki, które towarzyszą wierzącym 195

został ogromny smok, wąż starodawny, zwany diabłem i szatanem, który zwodzi cały świat; zrzucony został na ziemię, zrzuceni też zostali z nim jego aniołowie." Stąd możemy wywnioskować, że „podnoszenie węży" oznacza identyfikowanie złej, należącej do szatana cząstki i niszczenie jej w imię Jezusa Chrystusa.

Zniszczyć synagogę szatana

Przyjrzymy się następującym wersom z Objawienia Jana:

„*Znam ucisk twój i ubóstwo, lecz tyś bogaty, i wiem, że bluźnią tobie ci, którzy podają się za Żydów, a nimi nie są, ale są synagogą szatana"* (2,9).

„*Oto sprawię, że ci z synagogi szatana, którzy podają się za Żydów, a nimi nie są, lecz kłamią, oto sprawię, że będą musieli przyjść i pokłonić się tobie do nóg, i poznają, że Ja ciebie umiłowałem"* (3,9).

W tym fragmencie słowo „Żydzi" określa wszystkie osoby, które wierzą w Boga. „Ci, którzy podają się za Żydów" to osoby przeciwne Bogu, oceniające i zniesławiające wszystkie dzieła Boże, które nie są zgodne z ich światopoglądem. To również ci, którzy szepczą między sobą z nienawiści i zazdrości.

„Synagoga szatana" to dwóch lub więcej ludzi obmawiających innych i sprawiających problemy w kościele. Tych kilka osób potrafi zarazić swoim nastawieniem innych i powstaje synagoga szatana.

Oczywiście konstruktywne propozycje i sugestie są akceptowane i rozważane dla dobra kościoła. Synagogą szatana nazwiemy sytuację, w której członkowie kościoła walczą ze sługą Bożym, doprowadzają do rozłamu kościoła, podając wiarygodne powody lub formują grupę, która występuje przeciwko prawdzie.

Choć każdy kościół powinien być pełen miłości i jednoczyć się w prawdzie, w wielu z nich wygasa miłość i modlitwa, ustają spotkania odnowy religijnej, a królestwo Boże na Ziemi chwieje się w posadach, ponieważ działa w nim synagoga szatana.

Jednak nie stanowi ona zagrożenia, jeśli rozpoznamy ją i przeciwstawimy jej wiarę piątego poziomu, w której Bóg ma upodobanie.

Od czasów założenia mojego kościoła, nie było w nim żadnej synagogi szatana. Wprawdzie na początku mej służby mogły pojawiać się ośrodki szatana, który kontrolował myśli niektórych członków kościoła, bo nie byli oni jeszcze uzbrojeni w prawdę.

Jednak za każdym razem Bóg informował mnie o nich i pomagał zniszczyć Słowem Bożym. W ten sposób każda próba sformowania synagogi szatana była zduszona w zarodku. Na dzień dzisiejszy członkowie mojego kościoła bez problemu odróżniają prawdę od fałszu. Ci, którzy w tajemnicy przychodzą do kościoła, aby stworzyć synagogę szatana, wkrótce go opuszczają lub gdy w ich sercach znajduje się odrobina dobra, żałują za swoje grzechy. Nigdzie nie powstanie synagoga szatana, o ile nie będzie na nią przyzwolenia.

4. Odporność na śmiertelne trucizny

Czwarty znak, który towarzyszy ludziom wierzącym, to odporność na śmiertelne trucizny. Nie mają one żadnego wpływu. Co dokładnie to znaczy? W Dziejach Apostolskich 28,1-6 czytamy o apostole Pawle, którego ukąsiła żmija, kiedy przybył na Maltę. Tubylcy spodziewali się, że Paweł spuchnie lub padnie trupem (wers 6). Ale gdy długo czekali i widzieli, że nic nadzwyczajnego z nim się nie dzieje, zmienili zdanie i mówili, że jest bogiem (wers 6). Nawet trucizna żmii nie mogła go zranić, ponieważ jego wiara była doskonała.

Jeśli nawet ukąsi nas żmija

Ludzie o doskonalej wierze są odporni na wszelkie zagrożenia ze strony bakterii, wirusów lub trucizn. Jeśli przypadkowo zdarzy im się spożyć truciznę, to Bóg zniszczy ją w ogniu Ducha Świętego.

Jeśli jednak wypiją ją świadomie, będzie to równoznaczne z pragnieniem sprawdzenia Boga i nie zostaną ochronieni. Z wyjątkiem dziesięciny, Bóg nie pozwala nikomu, aby poddawał go próbom. Nadal jednak możliwe jest bezpieczne spożycie trucizny, choćby w jedzeniu, które ktoś zatruł, chcąc nas skrzywdzić.

Co więcej, jeśli mężczyzna poda kobiecie środek usypiający, aby ją uwieść, lub uśpi kogoś w celu porwania lub kradzieży mienia, ofiara będzie bezpieczna. Jeśli posiada doskonałą wiarę, nie stanie się jej krzywda, ponieważ wszelkie trucizny zostaną zneutralizowane w ogniu Ducha Świętego.

Każda trucizna spłonie w ogniu Ducha Świętego

Pod koniec trzeciego roku seminarium teologicznego poczułem ostry ból w żołądku. Przypomniałem sobie, że podczas przygotowań do mojego pierwszego spotkania poświęconego odnowie religijnej wypiłem napój. Położyłem ręce na żołądku, zmówiłem modlitwę i dostałem biegunki. Dopiero następnego dnia dowiedziałem się, że napój był trujący.

Kolejny przypadek przydarzył mi się pewnego dnia w prowincji Choongchung, w mieście Jochiwon. Znajdował się tam uniwersytet, do którego często zaglądałem, a w którym często odbywały się demonstracje nie rzadko tłumione przez policję za pomocą gazu łzawiącego. W takich sytuacjach niejednokrotnie zdarzało się, że przeciwnie do wszystkich, ja nie miałem najmniejszych problemów z oddychaniem.

Podobnie było, gdy na początku mojej duszpasterskiej misji mieszkaliśmy z rodziną w piwnicy kościoła. W tamtych czasach, aby ogrzać pomieszczenia, palono w piecach brykiet. Siłą rzeczy wszyscy odczuwali skutki czadu, zwłaszcza w dni pochmurne, gdy cyrkulacja powietrza w pokojach była niemożliwa. Ja jednak nigdy nie cierpiałem z powodu zatrucia tlenkiem węgla. Duch Święty nieustannie cyrkuluje wewnątrz ciała, natychmiast usuwając truciznę, która dostanie się do organizmu osoby, w której wierze Bóg ma upodobanie.

5. Uzdrawianie chorych za pomocą nakładania rąk

Piątym znakiem towarzyszącym ludziom wierzącym jest uzdrawianie chorych za pomocą nakładania rąk. Dzięki łasce Bożej, czynienie tego znaku przeze mnie nasiliło się, gdy zacząłem swoją służbę w charakterze pastora. Od czasu założenia kościoła uzdrowiłem niezliczoną ilość ludzi, którzy odtąd wychwalali Pana. Ponieważ nie jestem w stanie nałożyć rąk na każdego z członków mojego kościoła, obecnie modlę się za nich z ambony. Jednak nawet przez modlitwę wielu chorych ludzi wyzdrowiało, a osobom zniedołężniałym wróciły siły.

Dodatkowo, podczas corocznego Dwutygodniowego Spotkania Ruchu Odnowy Religijnej, które odbywa się od Maja 2004 roku, zostało wyleczonych wiele chorób takich jak białaczka, paraliż i rak. Ślepcy odzyskiwali wzrok, głusi zaczynali słyszeć, a kalecy chodzić. Poprzez te niebywałe dzieła Boże wielu ludzi spotkało Boga żywego.

Dlaczego więc są ludzie, których prośby pozostają bez odpowiedzi, kiedy na około dokonuje się tak wiele dzieł Ducha Świętego, w którego ogniu płoną szkodliwe bakterie, a ułomni odzyskują sprawność?

Po pierwsze musimy pamiętać, że jeśli modlimy się za kogoś, kto nie ma wiary, to nie zostanie uzdrowiony. Bowiem każdemu dane jest według wiary jego. Po drugie osoba wierząca również może zostać nieuzdrowiona, jeśli między sobą a Bogiem wzniosła mur z grzechów. Jedynym ratunkiem jest żal za grzechy i powrót do Boga, a następnie modlitwa w swojej intencji.

Jest jeszcze jedna rzecz, o której musimy pamiętać: uzdrowienie kogoś modlitwą nie oznacza, że osoba, które dokonała uzdrowienia posiada wiarę na piątym poziomie. Z darem uzdrawiania można leczyć nawet na trzecim stopniu wiary. Nawet ktoś na drugim stopniu wiary, przepełniony Duchem Świętym, często potrafi uleczyć innych modlitwą. Po prostu na krótko przeskakuje na czwarty lub piąty stopień wiary. Poza tym już sama modlitwa sprawiedliwego posiada tak wielką moc, że poprzez nią mogą dokonywać się dzieła Boże (Jak. 5,16).

W takich sytuacjach istnieją też pewne ograniczenia. Wyleczeniu podlegają zarazki i wirusy, wywołujące mniej poważne dolegliwości lub raka, lecz nie może zostać przywrócona sprawność fizyczna kalekim ani wzrok niewidomym.

Niestety raz wypędzone demony za pomocą modlitwy miłości lub przy pomocy daru uzdrawiania, mogą po jakimś czasie powrócić. Nie dzieje się tak jedynie w wypadku, gdy wypędzający demony jest na piątym stopniu wiary.

Gdy znajdujemy się na tym poziomie wiary, towarzyszy nam wszystkie pięć znaków. Wtedy też emanujemy większym niż zwykle autorytetem oraz mocą darów Ducha Świętego.

W dzisiejszych czasach wiele osób jest tak silnie splamionych grzechem, że potrzeba znacznie bardziej sugestywnych cudów i znaków, niż za czasów Jezusa Chrystusa, aby ludzie ci uwierzyli.

Z tego powodu Bóg pragnie, aby jego dzieci posiadały nie tylko wiarę duchową i wiarę całkowitą, ale potrafiły czynić znaki, dzięki którym poprowadzą pozostałych na drogę zbawienia.

Celem naszym powinno być uzyskanie autorytetu, siły i

mocy. Zwłaszcza gdy wiemy, że dzięki nim i dzięki wierze, w której Bóg ma upodobanie, będziemy czynić cuda przewyższające cuda Jezusa.

Modlę się w imieniu Pana naszego, Jezusa Chrystusa, abyśmy stali się sprawiedliwi i jak najszybciej osiągnęli jak najwyższy stopień wiary, by ostatecznie jaśnieć w niebie jak słońce!

Rozdział 10

Wieńce i miejsca zamieszkania w niebie

1
Wiara kluczem do nieba
2
Królestwo niebieskie doznaje gwałtu
3
Wieńce i miejsca zamieszkania w niebie

*„Niechaj się nie trwoży serce wasze;
wierzcie w Boga i we mnie wierzcie!
W domu Ojca mego wiele jest mieszkań;
gdyby było inaczej, byłbym wam powiedział.
Idę przygotować wam miejsce.
A jeśli pójdę i przygotuję wam miejsce,
przyjdę znowu i wezmę was do siebie,
abyście, gdzie Ja jestem, i wy byli."*

(Jan. 14,1-3)

Dla olimpijskiego atlety zdobycie złotego medalu musi być niezwykle wzruszające. To, że go zdobył, nie jest łutem szczęścia, a efektem ciężkiego treningu i wielu wyrzeczeń. Był gotów zapłacić tę cenę, ponieważ inspirował go złoty medal i wiedział, że nagroda za wysiłek będzie wysoka.

Tak samo jest z nami, chrześcijanami. W duchowym wyścigu do królestwa niebieskiego musimy walczyć o najlepszą wiarę, pokonywać słabości naszego ciała i podporządkowywać je sobie, by w końcu otrzymać ostateczną nagrodę. Na naszym świecie ludzie podejmują wiele starań, chcąc okryć się chwałą i zdobyć doczesne honory. A co powinniśmy zrobić, aby otrzymać wieczną nagrodę i chwałę w królestwie niebieskim?

W 1 Liście do Koryntian 9,24-25 jest napisane: *"Czy nie wiecie, że zawodnicy na stadionie wszyscy biegną, a tylko jeden zdobywa nagrodę? Tak biegnijcie, abyście nagrodę zdobyli. A każdy zawodnik od wszystkiego się wstrzymuje, tamci wprawdzie, aby znikomy zdobyć wieniec, my zaś nieznikomy."*

Fragment ten zachęca nas do dyscypliny we wszystkim oraz do nieustannego wysiłku w drodze ku chwale, która wkrótce będzie naszym udziałem.

Przyjrzyjmy się teraz nagrodom, jakie na nas czekają w królestwie niebieskim i jak możemy wywalczyć lepsze miejsce zamieszkania w niebie.

1. Wiara kluczem do nieba

Istnieje wiele osób, które mają honor, władzę i bogactwa, ale nie wiedzą, skąd wziął się człowiek, jaki jest sens życia oraz gdzie podążamy. Po prostu uważają, że rodzimy się, jemy, pijemy, chodzimy do szkoły, pracujemy, zakładamy rodzinę i żyjemy aż do śmierci.

Inaczej myślą osoby, które przyjęły Jezusa Chrystusa do serca. Wiedzą, że prawdziwym Ojcem, który dał im życie jest Bóg, ponieważ wierzą w stworzenie Adama i narodziny jego potomków. Żyją, by wielbić Pana podczas każdej wykonywanej czynności, bo znają sens istnienia na ziemi. Kierują się wolą Bożą, gdyż wiedzą, że zostaną zbawieni i pójdą do nieba, gdzie czeka ich życie wieczne lub do piekła na wieczne potępienie.

Wszyscy wierzący są dziećmi Bożymi, które posiadają obywatelstwo niebieskie. Bóg pragnie, aby każda z takich osób wiedziała o istnieniu królestwa niebieskiego i miała nadzieję na zamieszkanie w nim. Dzięki temu bardziej staramy się o życie w niebie już tutaj, na Ziemi.

Kluczem do bram nieba jest wiara i tylko zbawieni na mocy wiary tam trafią. Wejść tam nie pomoże żadna władza i pieniądze. Tylko ci, którzy przyjmując Jezusa Chrystusa, stali się dziećmi Bożymi i żyją zgodnie z Jego Słowem, mogą wstąpić do nieba i żyć wiecznie.

Zbawienie w czasach Starego Testamentu

Czy oznacza to, że osoby, które nie wiedzą o Jezusie, nie zostaną zbawione? Nie. Ponieważ w czasach Starego Testamentu przestrzegano Prawa, którym było Słowo Boże, a ludzie otrzymywali zbawienie zależnie od tego, czy się do niego stosowali. Natomiast z chwilą, w której Jan Chrzciciel rozpoznał w Jezusie Syna Bożego ludzie zostają zbawieni na mocy wiary w Jezusa Chrystusa.

Nawet w naszych czasach żyją osoby, które nie przyjęły Jezusa Chrystusa do serca, ponieważ nigdy o nim nie słyszeli. Takie osoby będą sądzone według czystości sumienia (Więcej informacji na ten temat można uzyskać w książce *„Przesłanie Krzyża"*). Obecnie wielu ludzi błędnie interpretuje zbawienie. Sądzą, że można dostąpić zbawienia, wyznając wiarę ustami, ponieważ w czasach Nowego Testamentu Bóg udzielał łaski zbawienia poprzez Jezusa Chrystusa. Dlatego teraz mówiąc, że „wierzą w Jezusa Chrystusa, naszego zbawiciela" żywią błędne przekonanie, że nie muszą żyć zgodnie ze Słowem Bożym, a grzechy nie stanowią wielkiego problemu.

Co tak naprawdę w czasach Starego Testamentu oznacza zbawienie przez uczynki, a w czasach Nowego Testamentu zabawienie na mocy wiary?

Jezus nie przyszedł na świat, aby zbawić tych, którzy nie żyli według Słowa Bożego. Przyszedł poprowadzić ludzi, którzy stosowali się do Słowa Bożego zarówno w sercu, jak i dając termu wyraz uczynkami.

Dlatego w Ewangelii Mateusza 5,17 Jezus oznajmia: *„Nie sądźcie, że przyszedłem znieść Prawo albo Proroków. Nie przyszedłem znieść, ale wypełnić."* Przypomina nam także, że jeśli ktoś zgrzeszy w sercu, to tak jakby popełnił grzech w rzeczywistości: *„Słyszeliście, iż powiedziano: Nie będziesz cudzołożył. A Ja wam powiadam, że każdy kto patrzy na* *niewiastę i pożąda jej, już popełnił z nią cudzołóstwo w sercu swoim"* (Mat. 5,27-28).

Zbawienie w czasach Nowego Testamentu

W czasach Starego Testamentu dopuszczenie się cudzołóstwa w sercu nie było uważane za grzech, dopóki myśli nie zostały zrealizowane w rzeczywistości. Gdy do tego doszło, grzesznika kamienowano na śmierć (5 Moj. 22,21-24). Tak samo, jeśli ktoś miał złe serce i zamierzał zabić bliźniego lub ukraść jego mienie, ale nie popełnił tego czynu, to mógł dostąpić zbawienia, ponieważ nie zgrzeszył.

Natomiast, aby zrozumieć, co znaczy zbawienie na mocy wiary, przeczytajmy fragment 1 Listu Jana 3,15: *„Każdy, kto nienawidzi brata swego, jest zabójcą, a wiecie, że żaden zabójca nie ma w sobie żywota wiecznego."*

W czasach Nowego Testamentu, jeśli nawet ktoś nie dopuścił się grzechu w rzeczywistości, a popełnił go w sercu, to nie mógł być zbawiony.

Dlatego, jeśli kto nosi się z zamiarem kradzieży, to już jest złodziejem. Jeśli ktoś pożądliwie patrzy na kobietę, to już dopuścił się z nią cudzołóstwa. Jeśli ktoś nienawidzi bliźniego swego i zamierza go zabić, nie różni się niczym od mordercy. Wyposażeni w tę wiedzę nie grzeszmy w sercu, ale dążmy do zbawienia poprzez wiarę popartą uczynkami.

Wyrzeczenie się grzesznych pragnień i czynów

W Piśmie Świętym wiele razy spotykamy takie określenia jak

„grzesznicy", „istota cielesna", „ciało", „czyny cielesne", „świątynia grzechu" i im podobne. Wielu wiernych ma problemy ze znalezieniem odpowiedzi na pytanie, co tak naprawdę te pojęcia oznaczają.

Według słownika „ciało" a „istota cielesna" to dwa bliskoznaczne słowa. Jednak Biblia traktuje je jako coś zupełnie różnego. Aby pojąć duchowe znaczenie tych określeń, musimy najpierw dowiedzieć się, w jaki sposób człowiek poznał grzech.

Pierwszy człowiek, jako istota duchowa, nie miał w sobie cienia fałszu, ponieważ Bóg przekazywał mu jedynie wiedzę życia. Spożywając owoc z drzewa poznania dobra i zła, popełnił grzech nieposłuszeństwa. Złamał przykaz Boży, za co zapłacił śmiercią (Rzym. 6,23).

Ponieważ umarł duch, który dotąd nim kierował, nie mógł już więcej rozmawiać z Bogiem. Przestał obawiać się Stwórcy i przestrzegać Jego nakazów. Co więcej, w tej sytuacji nie był w stanie nawet wykonywać swoich powinności wobec Niego. Został wypędzony z raju. Żył na Ziemi roniąc łzy, cierpiąc psychicznie i fizycznie, aby w końcu poznać śmierć. Kolejne pokolenia ludzi grzeszyły więcej, stając się jeszcze gorszymi.

Człowieka, który zaraził się grzechem i stracił Bożą wiedzę życia, nazywa się „istotą cielesną." „Ciało" zaś to wszystkie typowe dla grzeszników cechy.

Dlatego „ciało" to termin ogólny, odnoszący się do atrybutów niewidzialnych, które jednak po pewnym czasie prowadzą do czynów. Jeśli atrybuty te podzielimy na kategorie, będą one nazywały się „pragnieniami ciała."

Na przykład, takie niewidoczne gołym okiem cechy jak zawiść, zazdrość lub nienawiść mogą przejawiać się w czynach tak długo, jak pozostają w sercu człowieka. Dlatego Bóg uważa je również za grzech.

Jeśli nie pozbędziemy się pragnień ciała, mogą objawić się one w postaci czynów. Coś takiego nazywamy czynem cielesnym. Gdy wszystkie czyny grzesznej natury zsumujemy, nazwiemy je ciałem.

Inaczej mówiąc, pojedyncze uczynki ciała nazywamy czynami ciała. Gdy ogarnia nas chęć przekonania kogoś do czegoś pięścią, to jest to pragnienie ciała. Jeśli pragnienie wprowadzimy w czyn i pobijemy tą osobę, będzie to czynem ciała.

Jakie jest duchowe znaczenie wyrażenia istota cielesna, we fragmencie 1 Księgi Mojżeszowej 6,3?

„*Wtedy Bóg rzekł: Nie może pozostawać duch mój w człowieku na zawsze, gdyż człowiek jest istotą cielesną.*"

Wers ten przypomina nam, że Bóg nie będzie chciał przebywać z ludźmi, którzy nie postępują zgodnie ze Słowem Bożym, ale grzeszą i stają się ciałem,.

Stwórca, jak mówi nam Pismo Święte, zawsze towarzyszył duchowym ludziom takim jak Abraham, Mojżesz, Eliasz, Noe oraz Daniel. Oni nie tylko poszukiwali prawdy, ale żyli według Słowa Bożego. Dlatego, jeśli jesteśmy w pełni świadomi, że zbawienie nie jest dane osobom, które nie przestrzegają Słowa Bożego, powinniśmy jak najszybciej wyrzec się pragnień ciała i przestać czynić zło.

Istoty cielesne nie odziedziczą Królestwa Bożego

Ponieważ Bóg jest miłosierny, każdemu kto zda sobie sprawę ze swoich grzechów, okaże skruchę i uzna Jezusa Chrystusa za Zbawiciela, daje prawo, aby stał się dzieckiem Bożym i ofiaruje Ducha Świętego. Duch Święty sprawia, że nasz martwy duch wraca do życia.

Gdy z istoty cielesnej przemieniamy się w istotę duchową, możemy dostąpić zbawienia i otrzymać życie wieczne. Jeśli jednak nadal będziemy grzeszyć, Bóg opuści nas i wszystko to przepadnie.

Grzechy ciała wymienia List do Galacjan 5,19-21:

> *„Jawne zaś są uczynki ciała, mianowicie: wszeteczeństwo, nieczystość, rozpusta, bałwochwalstwo, czary, wrogość, spór, zazdrość, gniew, knowania, waśnie, odszczepieństwo, zabójstwa, pijaństwo, obżarstwo i tym podobne; o tych zapowiadam wam, jak już przedtem zapowiedziałem, że ci, którzy te rzeczy czynią, Królestwa Bożego nie odziedziczą."*

Natomiast w Ewangelii Mateusza 7,21 Jezus mówi: *„Nie każdy, kto do mnie mówi: Panie, Panie!, wejdzie do Królestwa Niebios; lecz tylko ten, kto pełni wolę Ojca mojego, który jest w niebie."* W ten sposób Bóg nieustanne przypomina nam, że do nieba nie wstąpią ludzie nieprawi, którzy nie żyją zgodnie z wolą Bożą i grzeszą. Daje nam do zrozumienia, że tylko poprzez wiarę otrzymamy zbawienie i wstąpimy do nieba.

Zbawienie na mocy wiary

W Liście Rzymian 10,9-10 jest napisane: „*Bo jeśli ustami swoimi wyznasz, że Jezus jest Panem, i uwierzysz w sercu swoim, że Bóg wzbudził go z martwych, zbawiony będziesz. Albowiem sercem wierzy się ku usprawiedliwieniu, a ustami wyznaje się ku zbawieniu.*"

Bóg pragnie wiary, którą będziemy wyznawać w sercu i ustami. Inaczej mówiąc, jeśli naprawdę uwierzymy w swoim sercu, że Jezus zmartwychwstając trzeciego dnia po ukrzyżowaniu, stał się naszym Zbawicielem, zostaniemy usprawiedliwieni. Pozostaje nam już tylko wyrzec się grzechów i żyć według Słowa Bożego, bo jeśli wyznajemy wiarę ustami, a przy tym wypełniamy wolę Bożą, to dostąpimy zbawienia, ponieważ nasze wyznanie będzie szczere.

W Liście do Rzymian 2,13 Bóg mówi: „*Gdyż nie ci, którzy zakonu słuchają, są sprawiedliwi u Boga, lecz ci, którzy zakon wypełniają, usprawiedliwieni będą*", zaś w Liście Jakuba 2,26 czytamy: „*Tak jak ciało bez ducha jest martwe, tak też jest martwa wiara bez uczynków.*"

Wiarę można poprzeć uczynkami, tylko wierząc w sercu w Słowo Boże. Jest to niemożliwe, jeśli traktujemy ją tylko jako suchą wiedzę. Gdy Słowo Boże zostanie zasiane w naszym sercu, powinno wydać plon w postaci uczynków.

Dlatego, jeśli wcześniej nienawidziliśmy, możemy przemienić się w ludzi pełnych miłości do bliźnich. Jeśli kradliśmy, możemy zaprzestać kradzieży. Jeśli nadal żyjemy w ciemności, miłując świat, a wiarę wyznajemy jedynie ustami, to jest ona martwa i nie ma to niczego wspólnego z dążeniem do zbawienia.

W 1 Liście Jana 1,7 jest napisane: *"Jeśli zaś chodzimy w światłości, jak On sam jest w światłości, społeczność mamy z sobą, i krew Jezusa Chrystusa, Syna jego, oczyszcza nas od wszelkiego grzechu."* Jeśli jest w nas prawda i kierujemy się nią w naszym życiu, to chodzimy w światłości. Wyrzekając się grzechów, wychodzimy z ciemności w światłość, a dzięki wierze stajemy się prawi. Natomiast kłamiemy przed Bogiem jeśli popełniamy grzechy, czynimy zło i nadal żyjemy w ciemności. Z tego powodu powinniśmy jak najszybciej osiągnąć wiarę, z którą w parze będą szły czyny.

Chodzić w światłości

Bóg przykazuje nam walczyć z grzechem, aż do przelewu krwi (Hebr. 12,4), ponieważ chce abyśmy byli doskonali (Mat. 5,48) i święci jak On (1 Piotr. 1,16).

W czasach Starego Testamentu można było dostąpić zbawienia, jeśli tylko czyny były doskonałe. Nie trzeba było wyrzucać grzechu z serca, ponieważ było to niemożliwe do wykonania o własnych siłach.

Gdybyśmy byli w stanie to zrobić, Jezus nie musiałbym przyjść na świat pod postacią człowieka. Nie potrafimy sami rozwiązać problemu grzechu, ani dostąpić zbawienia o własnych siłach. Dlatego Syn Boży został ukrzyżowany. Z tego też powodu każdy, kto w Niego wierzy, otrzymuje Ducha Świętego, który prowadzi do zbawienia.

Z pomocą Ducha Świętego możemy pozbyć się każdego rodzaju zła i posiąść cząstkę boskości. Sprawia on, że uświadamiamy sobie czym jest grzech, sprawiedliwość i zaczynamy sobie zdawać sprawę ze zbliżającego się sądu.

Z tego powodu nie powinniśmy się zadawalać samym przyjęciem Jezusa Chrystusa do serca, lecz modlić się żarliwie, wyrzec się wszelkiego zła i z pomocą Ducha Świętego chodzić w światłości, aż posiądziemy cząstkę boskości.

Jedynym kluczem do nieba jest poparta uczynkami wiara duchowa. W Ewangelii Mateusza 7,21 jest napisane: „*Nie każdy, który Mi mówi: Panie, Panie!, wejdzie do królestwa niebieskiego, lecz ten, kto spełnia wolę mojego Ojca, który jest w niebie.*" Co więcej, musimy także za wszelką cenę osiągnąć jak największą wiarę, ponieważ na jej podstawie zostanie przydzielone nam miejsce w niebie.

Mam nadzieję, że każdy z nas posiądzie cząstkę boskości i zamieszka w Nowym Jeruzalem, gdzie znajduje się tron Boży.

2. Królestwo niebieskie doznaje gwałtu

Ponieważ Bóg jest sprawiedliwy, sprawia, że zbieramy to, co posiejemy i nagradza nasze wysiłki. Dlatego nawet w niebie każda osoba otrzymuje tyle, na ile zasługuje swoim oddaniem i poświęceniem się królestwu Bożemu. Stwórca, który ofiarował swojego jedynego Syna dla naszego zbawienia, oczekuje na swoje dzieci w niebie. Pragnie, aby żyły z Nim wiecznie w najlepszym miejscu w niebie, które nazywa się Nowe Jeruzalem.

Konflikty zbrojne regularnie przeplatają dzieje świata, kiedy to jedna silna nacja wypowiada wojnę słabszej, a po wygranej poszerza swoje terytorium. Aby podbić je w całości, jeden naród musi najechać na drugi i zwyciężyć.

Podobnie, jeśli jesteśmy dziećmi Bożymi i mamy obywatelstwo niebieskie, musimy z wielką nadzieją walczyć o niebo, ponieważ wiemy o nim wiele. Niektórzy z nas mogą zastanawiać się, jak śmiemy gwałtem zdobywać niebo, królestwo wszechmogącego Boga. Jednak najpierw poznajmy duchowe znaczenie słów „królestwo niebieskie doznaje gwałtu", aby potem się dowiedzieć, jak zdobywać je siłą.

Od czasu Jana Chrzciciela

W Ewangelii Mateusza 11,12 Jezus mówi: *„A od czasu Jana Chrzciciela aż dotąd królestwo niebieskie doznaje gwałtu i ludzie gwałtowni zdobywają je."* Czas przed Janem Chrzcicielem to czas, w który panowało Prawo, a o zbawieniu decydowały uczynki.

Stary Testament jest cieniem Nowego Testamentu. W owym czasie prorocy opowiadali o Jahwe i przepowiadali nadejście Mesjasza. Jednak wraz z Janem Chrzcicielem proroctwa Starego Testamentu wypełniły się i narodziła się nowa era – era Nowego Testamentu.

Nasz Zbawiciel pojawił się na scenie historii ludzkości, nie jako zapowiedź, lecz we własnej osobie. Jan Chrzciciel ogłosił wszem i wobec, że jest On Synem Bożym. Odtąd każdy, kto uznał Jezusa za Zbawiciela, otrzymywał Ducha Świętego i mógł dostąpić zbawienia.

Dlatego każdy, kto przyjmuje Jezusa Chrystusa do serca i wierzy, ma prawo stać się dzieckiem Bożym i wstąpić do nieba. Jednak Bóg podzielił niebo na różne miejsca zamieszkania. To, które przypadnie każdemu z nas, określane jest na podstawie wielkości naszej wiary, ponieważ sprawiedliwy Bóg wynagradza każdego, patrząc na jego dotychczasowe życie. Wstąpić do Nowego Jeruzalem – miejsca, gdzie znajduje się tron Boży, będą mogły tylko osoby, które żyjąc według Słowa Bożego, wypełnią w całości swą posługę i są w pełni uświęcone.

Choć do nieba można wstąpić na mocy wiary, to powinniśmy być aktywni w jej powiększaniu, gdyż od jej wielkości zależy nasze miejsce w niebie.

Od czasu Jana Chrzciciela do ponownego przyjścia Jezusa, tylko ludzie aktywni w wierze zdobywać będą niebo. W Ewangelii Jana 14,6 Jezus rzekł: *„Ja jestem drogą i prawdą, i życiem. Nikt nie przychodzi do Ojca inaczej jak tylko przeze Mnie."*

Syn Boży mówi nam, że nikt nie przychodzi do Ojca inaczej jak tylko przez Niego, ponieważ On jest drogą prowadzącą do nieba, prawdą samą w sobie i życiem. To z tego powodu przyszedł na nasz świat, dał świadectwo istnienia Boga i nauczał nas, jak dostać się do nieba, tym samym stając się wzorem do naśladowania.

Miejsca zamieszkania w niebie

Niebo to królestwo Boże, w którym na wieki będą żyły wiecznie Jego zbawione dzieci. W przeciwieństwie do naszego świata, jest to królestwo pokoju, bez najmniejszych śladów zepsucia. Jest pełne radości i szczęścia. Nie ma w nim chorób, smutku, bólu i śmierci, ponieważ grzech i szatan w nim nie istnieją.

Jeśli nawet spróbujemy sobie wyobrazić jak tam jest, to zaniemówimy z wrażenia, gdy rzeczywiście zobaczymy piękno i światłość nieba. Jakże wspaniałe niebo stworzył dla swych dzieci wszechmogący Stwórca wszechświata! Studiując uważnie Biblię odkryjemy, że niebo składa się z wielu miejsc zamieszkania.

W Ewangelii Jana 41,2 Jezus mówi: „*W domu Ojca mego wiele jest mieszkań; gdyby było inaczej, byłbym wam powiedział. Idę przygotować wam miejsce.*" Natomiast Księga Nehemiasza wspomina o wielu „niebach": „*Ty jedynie jesteś Panem! Ty stworzyłeś niebiosa, niebiosa niebios i cały ich zastęp, Ziemię i wszystko, co jest na niej, Morza i wszystko, co jest w nich, Ty też wszystko to utrzymujesz przy życiu, A zastęp niebieski oddaje ci pokłon*" (Nehem. 9,6).

W dawnych czasach wierzono, że niebo jest tylko jedno. Jednak wraz z rozwojem nauki wiemy, że istnieją liczne wymiary, inne od tych, które dostrzegamy gołym okiem. Co zaskakujące, ten fakt został zanotowany także w Biblii.

Na przykład Król Salomon przyznał, że istnieje wiele niebios: „*Lecz czy naprawdę zamieszka Bóg na ziemi? Oto niebiosa i niebiosa niebios nie mogą cię ogarnąć, a cóż dopiero ten dom, który zbudowałem!*" (1 Król. 8,27) Apostoł Paweł w 2 Liście do Koryntian 12,2-4 wyznał, że został poprowadzony przez raj do trzeciego nieba, natomiast w Objawieniu Jana 21 znajduje się opis Nowego Jeruzalem, gdzie znajduje się tron Boży.

Dlatego musimy uznać fakt, że w niebie istnieje więcej niż jedno miejsce zamieszkania. Jeśli podzielimy niebo na obszary, a za kryterium klasyfikacji przyjmiemy wielkość wiary, otrzymamy następujące miejsca: Raj, Królestwo Pierwsze, Królestwo Drugie, Królestwo Trzecie oraz Nowe Jeruzalem. Raj przeznaczony został dla osób o najmniejszej wierze. Królestwo Pierwsze należy do tych, którzy mają wiarę większą od osób z

Raju; Królestwo Drugie zamieszkują osoby o wierze większej od tych w Królestwie Pierwszym. Królestwo Trzecie jest domem dla ludzi przewyższających wiarą osoby z Królestwa Drugiego. W Trzecim Królestwie znajduje się Święte miasto zwane Nowym Jeruzalem, w którym znajduje się tron Boży.

Królestwo niebieskie doznaje gwałtu i wierzący zdobywają je

Do Korei należą wyspy takie jak Ul-lŭng i Jeju. W Korei są też tereny górzyste, obszary wiejskie, małe i duże miasta oraz metropolie. W Seulu, które jest stolicą państwa, znajduje się oficjalna rezydencja prezydenta Cheong Wa Dae.

Tak jak kraj, dla zwiększenia efektywności, podzielony jest na mniejsze okręgi administracyjne, tak królestwo Boże podzielone zostało na miejsca zamieszkania, zależnie od standardu, którym jest nic innego jak wielkość naszej wiary i posłuszeństwo Słowu Bożemu okazywane za życia.

Bóg jest niezmiernie zadowolony, gdy prowadzimy życie pełne nadziei na wstąpienie do nieba. Jest to dla Niego oznaką wiary, a dla nas stanowi szansę na wygraną z szatanem i uświęcenie. Pod warunkiem, że wcześniej wyrzekniemy się pragnień ciała i czynienia zła.

Po przyjęciu Jezusa Chrystusa do serca zauważymy, że o ile z łatwością potrafimy powstrzymać się od złych uczynków, to wyrzeczenie się pragnień ciała jest trudne. Ciężko wykorzenić grzech, który wrósł w nas głęboko.

Dlatego osoby, które wierzą szczerze, nieustannie modlą się i poszczą. W ten sposób, odrzucają pragnienia ciała i stają się świętymi dziećmi Bożymi. Kluczem do nieba jest wiara, a miejsce, które w nim zajmiemy, zależy od jej wielkości i naszych uczynków na ziemi. Bóg miłosierny ocenia je sprawiedliwie. W rezultacie miejsce zamieszkania dla osoby na pierwszym stopniu wiary będzie inne niż miejsca zamieszkania osoby na trzecim stopniu wiary i tak dalej. Im większa wiara, tym we wspanialszym miejscu zamieszkamy.

Musimy ruszyć, aby zdobyć niebo

Jeśli mamy prawo wstąpić do raju, musimy walczyć, aby przybliżyć się do Królestwa Pierwszego, w którym będzie mieszkało się nam lepiej. Przeciw komu jednak walczymy? Jest to nieustanna walka przeciw złu i szatanowi, podczas której musimy wytrwać w wierze na tym świecie i starać się, jak najbardziej zbliżyć do bram niebios.

Szatan robi wszystko, aby zbuntować ludzi przeciw Bogu po to, by nie weszli do nieba. Pragnie by wątpili, a ich wiara słabła. Ostatecznie prowadzi ku śmierci, pozwalając by popełniali grzechy. Dlatego musimy pokonać szatana. Walcząc z grzechem aż do przelewu krwi, bardziej upodobnimy się do Pana i będziemy mogli zamieszkać w lepszym miejscu w niebie.

Załóżmy, że pewien bokser daje z siebie wszystko podczas trudnych treningów, aby stać się mistrzem świata. Jest on świadom, że poprzez ten rodzaj wysiłku może zostać mistrzem, co da mu sławę, bogactwo i radość. Jednak zanim osiągnie tytuł mistrzowski, musi przejść przez mozolny trening, często pokonując wewnętrznie samego siebie.

Przypomina to wysiłek podejmowany na drodze do nieba. Musimy walczyć, aby wyrzec się zła, spełnić naszą misję na ziemi i zostać uświęconymi. Musimy wygrać duchową bitwę o niebo, modląc się żarliwie, nawet gdy szatan na każdym kroku stara się nam w tym przeszkodzić.

Pokrzepiające jest to, że walka z szatanem nie jest tak naprawdę trudna. Każdy, kto ma wiarę może wygrać, ponieważ jesteśmy wspierani przez Pana, aniołów i Ducha Świętego. Powinniśmy walczyć o niebo, aż pełni wiary wygramy. Po wygranej bokser stara się utrzymać tytuł, jednak walka o wejście do nieba jest radosna i przyjemna, ponieważ im więcej wygrywany, tym mniejszy niesiemy ze sobą ciężar grzechu. Z każdym najmniejszym zwycięstwem walka staje się łatwiejsza, a nasza radość rośnie. Nasze zdrowie poprawia się, ponieważ powodzi się naszej duszy.

O ile zdobyte przez boksera tytuły mistrzowskie, bogactwo i wszystkie honory znikają i przestają się liczyć po jego śmierci, chwała i błogosławieństwa otrzymane za walkę o niebo są wieczne.

Zapytajmy więc samych siebie, o co warto jest walczyć? Bądźmy roztropnymi ludźmi, którzy zmierzają ku niebu i temu, co wieczne, a nie temu, co przemija.

Wstąpić do nieba na mocy wiary

Kiedy Jezus wyjaśnia czym jest niebo, posługuje się przypowieściami, które zawierają elementy nam znane. Dzięki temu możemy lepiej zrozumieć Jego przekaz. Jedna z przypowieści opowiada o ziarnku gorczycy.

"Następnie opowiedział im drugą przypowieść: Królestwo niebieskie podobne jest do ziarnka gorczycy, które ktoś wziął i posiał na swej roli. Jest ono najmniejsze ze wszystkich nasion, lecz gdy wyrośnie, jest większe od innych jarzyn i staje się drzewem, tak że ptaki przylatują z powietrza i gnieżdżą się na jego gałęziach" (Mt 13,31-32).

Jeśli na papierze postawimy kropkę, posługując się długopisem kulkowym, będzie ona wielkości ziarnka gorczycy. Z takiej drobiny wyrośnie duże drzewo, w którego konarach ptaki będą śpiewały i wiły sobie gniazda. Jezus posługuje się tą przypowieścią, aby pokazać nam proces wzrostu wiary. Jeśli nawet jest ona mała, to możemy ją pielęgnować, aż stanie się wielka.

W Ewangelii Mateusza 17,20 Syn Boży mówi: *"Zaprawdę powiadam wam, gdybyście mieli wiarę jak ziarnko gorczycy, to powiedzielibyście tej górze: Przenieś się stąd tam, a przeniesie się, i nic niemożliwego dla was nie będzie."* W Ewangelii Łukasza 17,6, gdy apostołowie proszą Go: *"Przymnóż nam wiary"*, Jezus odpowiada: *"Jeślibyście mieli wiarę jak ziarno gorczyczne, i rzeklibyście do tego figowca: Wyrwij się z korzeniem i przesadź się w morze, usłuchałby was."*

Niejeden człowiek zastanawia się jak to możliwe, aby z wiarą wielkości ziarna gorczycy można było przenieść drzewo lub górę. Ufajmy jednak w słowa Pana, które są wiecznie prawdziwe.

Jakie jest duchowe znaczenie tych wersów? Wiarę wielkości ziarna gorczycy otrzymujemy w chwili przyjęcia Jezusa do serca i otrzymania Ducha Świętego. Gdy zasiejemy ją w naszym sercu, zaczyna wzrastać. Kiedy osiągnie dojrzałość i stanie się wielka, będziemy mogli przenosić góry zwyczajnie im rozkazując, a także czynić znaki takie jak przywracanie wzroku niewidomym, słuchu – ludziom głuchym, mowy – niemowom, a osobom martwym – życia.

Nie powinniśmy uważać, że nie ma w nas wiary, ponieważ nie jesteśmy w stanie dokonywać cudów lub nadal nękają nas problemy w rodzinie lub w firmie. Pamiętajmy, że kroczymy drogą życia wiecznego. Aby nasza mała wiara mogła wzrastać, potrzeba do tego modlitw, wychwalania Pana, i uczęszczania na mszę świętą. Jeśli nie doświadczamy mocy Bożej, oznacza to, że nasza wiara nadal jest jeszcze zbyt mała.

Dlatego musimy starać się rozwijać wiarę, aby była tak duża, że będziemy w stanie przesuwać góry, bowiem tak jak sieje się winogrono, pielęgnuje je, aby w końcu wydało owoce, tak też rośnie nasza wiara.

Posiąść wiarę duchową

Podobnie rzecz się ma z podążaniem ku niebu. Nie wejdziemy do Nowego Jeruzalem, mówiąc jedynie: „Tak, wierzę." Musimy je zdobywać, krok po kroku, zaczynając od Raju. Aby jednak dostać się do Nowego Jeruzalem, musimy wiedzieć, jak to zrobić. Bo jeśli nie znamy drogi, trudno będzie nam wytrwać i zgubimy drogę.

Izraelici, którzy wyszli z Egiptu, narzekali na Mojżesza i ubolewali nad swym losem, ponieważ nie mieli wiary wystarczającej do rozdzielenia Morza Czerwonego. Dokonał tego Mojżesz, który miał wiarę zdolną przesuwać góry, ale nawet na ten widok wiara Izraelitów nie zmieniła się.

Zrobili cielca ze złota, któremu oddawali pokłony, podczas

gdy Mojżesz pościł i modlił się na Górze Synaj, gdzie otrzymał dziesięcioro przykazań (2 Moj. 32). Bóg zdenerwował się z powodu bożka ze złota i rzekł do Mojżesza: „*Wytracę ich, a ciebie uczynię wielkim ludem*" (wers 10), a Izraelici, choć widzieli wiele znaków i cudów, nadal nie mieli wiary duchowej, aby słuchać Boga.

Ostatecznie pierwsze pokolenie Izraelitów, uciekinierów z Egiptu, nie zamieszkało w Ziemi Obiecanej. Wyjątkiem byli Jozue i Kaleb. Należeli do drugiego pokolenia. Kiedy tylko kierowani przez Jozuego kapłani niosący Bożą Arkę postawili stopy na brzegach Jordanu, woda zatrzymała się i mogli przekroczyć rzekę.

Jakiś czas później, posłuszni Bożym nakazom maszerowali dookoła Jerycha przez siedem dni, a na końcu wydali głośny dźwięk, który sprawił, że mury tego miasta upadły. Ludzie ci, choć sami nie dysponowali siłą fizyczną, doświadczyli niesłychanej mocy Boga, ponieważ posłuchali Jozuego. Miał on wielką wiarę, którą był w stanie przenosić góry. Do tego czasu także Izraelici posiedli wiarę duchową.

Jak Jozue zdobył tak wielką i silną wiarę? Doświadczył jej i odziedziczył od Mojżesza, z którym spędził czterdzieści lat na pustyni. Tak jak Elizeusz otrzymał ducha dwa razy większego od ducha Eliasza, któremu towarzyszył do samego końca, tak Jozue stał się człowiekiem wielkiej wiary, podążając za Mojżeszem i słuchając go. Dlatego był nawet w stanie zatrzymać Słońce i Księżyc (Joz. 10,12-13).

Tak samo było z Izraelitami, którzy podążali za Jozuem. Pierwsze pokolenie, które po wyjściu z Egiptu było średnio w wieku 20 lat lub więcej, cierpiało przez cztery dekady i wymarło na pustyni. Jednak ich potomkowie, którzy podążali za Jozuem, weszli do Ziemi Obiecanej, ponieważ doświadczeni rozmaitymi trudnościami posiedli wiarę duchową.

Musimy dobrze zrozumieć, czym jest wiara duchowa. Niektórzy ludzie mówią, że niegdyś mieli dobrą wiarę i służyli kościołowi. Teraz jednak twierdzą, że ich wiara wyblakła. Jednak to nieprawda, ponieważ wiara duchowa jest niezmienna. Ich wiara z przeszłości zmieniła się, ponieważ nie była wiarą duchową, ale wiarą opartą na rozumie. Gdyby była wiarą prawdziwą, czas nie miałby na nią najmniejszego wpływu.

Przypuśćmy, że trzymam teraz w ręku białą chustę. Pokazuję ją i pytam: „Czy wierzysz, że ta chusta jest biała?" Zapewne usłyszę „Tak." Niech teraz od tego czasu minie dziesięć lat. Trzymając w ręku tę samą chustę pokażę ją i powiem: „To jest biała chusta. Dasz wiarę?" Co byśmy odpowiedzieli? Nawet po tym czasie nikt nie byłby sceptyczny co do jej koloru, mówiąc, że jest czarna. Chusta, w którą wierzyłem, że jest biała dziesięć lub dwadzieścia lat temu, nadal będzie dla mnie białą chustą.

A oto inna przypowieść. Gdy udamy się na pielgrzymkę do Ziemi Świętej, na miejscu zauważymy, że sprzedają zamknięte w kopertach małe ziarenka gorczycy. Pewnego razu jakiś człowiek kupił i zasiał je na polu, jednak nic nie wyrosło. Ziarenko obumarło, ponieważ przez długi czas było z dala od bogatej w składniki odżywcze ziemi.

Podobnie stanie się, jeśli uznamy Jezusa Chrystusa za Zbawiciela, otrzymamy Ducha Świętego i posiądziemy wiarę małą jak ziarno gorczycy. Jeśli przez długi czas nie będziemy siali jej w sercu, Duch Święty może zaniknąć. Dlatego 1 List do

Tesaloniczan 5,19 napomina nas: „*Ducha nie gaście.*" Nawet wiara wielkości ziarna gorczycy może stopniowo rozwijać się, jeśli posiejemy ją w sercu i poprzemy uczynkami. Jeśli jednak od otrzymania Ducha Świętego przez długi czas nie żyjemy zgodnie ze Słowem Bożym, to ogień Ducha może przygasnąć.

Zdobyć niebo wiarą duchową

Gdy przyjmiemy Jezusa Chrystusa do serca i otrzymamy Ducha Świętego, musimy żyć zgodnie ze Słowem Bożym. Stosując się do Bożych nakazów, powinniśmy wyrzec się grzechu, modlić się, chwalić Pana, towarzyszyć braciom i siostrom w wierze, głosić ewangelię i kochać się nawzajem.

Kiedy w ten sposób będziemy dbali o naszą wiarę, wiara zacznie wzrastać. Wiara umacnia się dzięki dotrzymywaniu towarzystwa braciom w wierze, ponieważ wspólnie można wychwalać Pana i dzielić się spostrzeżeniami.

Z jednej strony łatwo zauważymy, że na wiarę jednej osoby silny wpływ mają pozostali. Jeśli rodzice mają silną wiarę, istnieje duże prawdopodobieństwo, że ich dziecko będzie miało podobną. Jeśli nasz przyjaciel ma silną wiarę, nasza wiara prawdopodobnie przypomina jego wiarę.

Z drugiej strony, szatan stara się pozbawić nas wiary. Dlatego musimy zawsze być uzbrojeni w Słowo Boże i nieustannie modlić się. Tylko wtedy z Bożą pomocą, będąc radośni i wdzięczni Bogu w każdych okolicznościach, wygramy duchową bitwę.

Z każdym takim zwycięstwem nasza mała jak ziarno gorczycy wiara będzie rosnąć, aż przemieni się w duże kwitnące drzewo i wyda wiele owoców. Wtedy też będziemy mogli wysławiać Pana, ponieważ wydamy wiele z dziewięciu owoców Ducha Świętego, w tym owoc miłości duchowej i owoc światłości.

Zapewne wiemy ile cierpliwości i wysiłku wkłada rolnik w uprawę ziemi, od chwili siewu do żniw. Podobnie nie posiądziemy nieba uczęszczając tylko do kościoła. Aby to osiągnąć, musimy podejmować wiele duchowych działań.

Kiedy propagujemy zasady wiary chrześcijańskiej, niejednokrotnie napotkamy osoby pragnące najpierw dużo zarobić i cieszyć się życiem, które do kościoła chcą chodzić na starość. Jakże głupie to postępowanie! Nigdy nie wiemy co czeka nas dnia następnego ani kiedy powtórnie przyjdzie Pan.

Nie posiądziemy wiary w ciągu dnia, bo wzrasta ona powoli. Oczywiście możemy traktować wiarę rozumowo, wtedy możemy mieć jej ile dusza zapragnie. Jednak Bożą wiarę duchową osiągniemy tylko wtedy, gdy zrozumiemy Słowo Boże i będziemy według niego żyli.

Rolnik nie sieje ziarna gdzie popadnie. Najpierw użyźnia glebę, a dopiero później wysiewa ziarno. Podlewa je, nawozi i tak dalej. Dopiero wtedy plony są wysokie, a żniwa udane. Podobnie jest z wiarą małą jak ziarno gorczycy. Musimy ją najpierw posiać, dbać o nią, a w końcu wyrośnie na wielkie drzewo, w którym ptaki znajdą schronienie.

W przypowieści o siewcy z Ewangelii Mateusza 13,1-9 ptaki symbolizują szatana, który zjada ziarna Słowa Bożego.

Ale już w Ewangelii Mateusza 13,31-32 ptaki odnoszą się do ludzi: „*Królestwo niebieskie podobne jest do ziarnka gorczycy, które ktoś wziął i posiał na swej roli. Jest ono najmniejsze ze wszystkich nasion, lecz gdy wyrośnie, jest większe od innych jarzyn i staje się drzewem, tak że ptaki przylatują z powietrza i gnieżdżą się na jego gałęziach. "* Tak jak ptaki zlatują się na dużym drzewie i śpiewają, tak kiedy nasza wiara będzie wielka, wiele osób będzie mogło znaleźć dzięki niej wypoczynek i schronienie, a my wzmocnimy ich łaską Bożą.

Im bardziej jesteśmy uświęceni, tym więcej mamy w sobie duchowej miłości i Bożych cnót. W konsekwencji przyciągniemy do Boga wielu ludzi i pomożemy im, co z kolei znakomicie przyśpieszy osiągnięcie lepszego miejsca w niebie.

W Ewangelii Mateusza 5,5 Jezus mówi: *„Błogosławieni cisi, albowiem oni posiądą ziemię."* Fragment ten uczy nas, że im większa jest nasza wiara i im bardziej stajemy się łagodni, tym lepsze miejsce otrzymamy w niebie.

Chwała w niebie zależy od wielkości wiary

W 1 Liście do Koryntian 15,41 apostoł Paweł opowiada o naszym wniebowstąpieniu: *„Inny jest blask słońca, a inny – księżyca i gwiazd. Jedna gwiazda różni się jasnością od drugiej."* Każdy z nas okryje się inną wielkością chwały w niebie, ponieważ Bóg wynagradza nas według uczynków.

W tym fragmencie blask słońca odnosi się do chwały ludzi uświęconych i wiernych w całym domu Bożym. Blask księżyca oznacza chwałę ludzi, którą przyćmiewa blask słońca, natomiast blask gwiazd dotyczy osób, których wiara jest najsłabsza.

Fragment „jedna gwiazda różni się jasnością od drugiej" oznacza, że tak jak każda gwiazda świeci różnym blaskiem, tak każdy z nas po zmartwychwstaniu otrzyma inną nagrodę i rangę, nawet jeśli trafi do tego samego miejsca w niebie.

Z tych Biblijnych wersetów dowiadujemy się, że po zmartwychwzbudzeniu każdy z nas okryje się inną chwałą w niebie. Stąd możemy wywnioskować, że nasze miejsce zamieszkania w niebie i nagrody będą zależały od wielkości duchowej wiary, którą możemy posiąść, wyrzekając się grzechu podczas naszego życia Ziemi i dochowując wierności królestwu Bożemu.

Jednak ludzie źli i leniwi nie wstąpią do nieba, ale zostaną strąceni w ciemności (Mat. 25). Dlatego powinniśmy wytrwale i pełni wiary kierować się do przepięknego królestwa niebieskiego.

W jaki sposób kierować się ku niebu

Wiele osób na tym świecie poświęca całe życie na zdobycie bogactwa, którego nie będą posiadać wiecznie. Niektórzy ludzie zaciskają pasa i pracują ciężko, aby kupić dom, podczas gdy inni nie sypiają po nocach, ponieważ studiują w nadziei na lepszą pracę. Jeśli tak bardzo staramy się o nasze życie na ziemi, które trwa zaledwie chwilę, to o ile większy wysiłek powinniśmy podejmować w staraniach o życie wieczne w niebie? Zastanówmy się teraz, w jaki sposób możemy zdążać ku niebu.

Po pierwsze, musimy żyć zgodnie ze Słowem Bożym. Bóg zachęca nas: *„zabiegajcie o własne zbawienie z bojaźnią i drżeniem (...)"* (Filip. 2,12). Jeśli nie jesteśmy czujni, szatan wyrwie nam nasza wiarę. Dlatego Słowo Boże powinniśmy uważać za *„cenniejsze niż złoto, niż złoto najczystsze, a słodsze od miodu płynącego z plastra"* (Ps. 19,11) i zgodnie z nim postępować. Zostaniemy zbawieni nie poprzez wołanie „Panie, Panie", ale poprzez uczynki stosowne do woli Bożej, a pomoże nam w tym Duch Święty.

Pod drugie, musimy założyć na siebie całą zbroję Bożą, abyśmy *„mogli ostać się przed zasadzkami diabelskimi. Gdyż bój toczymy nie z krwią i z ciałem, lecz z nadziemskimi władzami, ze zwierzchnościami, z władcami tego świata ciemności, ze złymi duchami w okręgach niebieskich. Dlatego weźcie całą zbroję Bożą, abyście mogli stawić opór w dniu złym i, dokonawszy wszystkiego"* (Efez. 6,10-13).

Dlatego musimy stać mocno, *„opasawszy biodra swoje prawdą, przywdziawszy pancerz sprawiedliwości i obuwszy nogi, by być gotowymi do zwiastowania ewangelii pokoju. A przede wszystkim, wziąć tarczę wiary, którą będziemy mogli zgasić wszystkie ogniste pociski złego; Weźmy też przyłbicę zbawienia i miecz Ducha, którym jest Słowo Boże. W każdej modlitwie i prośbie zanoście o każdym czasie modły w Duchu"* (Efez 6,14-18). Od tego będzie zależało nasze miejsce w niebie.

Po trzecie, musimy zawsze mieć w sobie miłość duchową. Dzięki wierze możemy wejść do nieba, dzięki nadziei na niebo, możemy wytrwać w prawdzie, a dzięki mocy miłości możemy zostać uświęceni i dochować wierności podczas naszej posługi na ziemi.

Do Nowego Jeruzalem, które jest najpiękniejszym miejscem w niebie, dostaniemy się tylko, gdy osiągniemy miłość doskonałą. Musimy ją osiągnąć, ponieważ Bóg jest miłością.

Jak mówi apostoł Paweł w 1 Liście do Koryntian 13,13: *„Teraz więc pozostaje wiara, nadzieja, miłość, te trzy; lecz z nich największa jest miłość"*, musimy zmierzać ku niebu z duchową miłością. Od tego jak wiele jej posiądziemy, będzie zależało nasze miejsce w niebie.

3. Wieńce i miejsca zamieszkania w niebie

Ludzie poruszający się w świecie trzech wymiarów nie mogą wiedzieć wiele o niebie, które stanowi wymiar czwarty. Jednak będąc człowiekiem wiary, zaczynamy odczuwać podekscytowanie i radość już na samo brzmienie słowa „niebo", ponieważ królestwo niebieskie jest naszym domem, w którym będziemy żyć wiecznie. Jeśli dowiemy się o nim więcej, wypełni nas nadzieja na dotarcie do niego. Dzięki niej zacznie powodzić się naszej duszy, a nasza wiara zacznie szybciej wzrastać.

W niebie znajduje się wiele miejsc do zamieszkania, które Bóg przygotował dla swoich dzieci (5 Moj. 10,14; 1 Król. 8,27; Nehem. 9,6; Ps. 148,4; Jan. 14,2). Każdy z nas zamieszka gdzie indziej, według wielkości wiary. Sprawiedliwy Bóg sprawia, że *„co człowiek sieje, żąć będzie"* (Gal. 6,7) i wynagradza nas według uczynków (Mat. 16,27, Obj. 2,23).

Jak już było powiedziane, królestwo niebieskie dzieli się na: Raj, Królestwo Pierwsze, Królestwo Drugie i Królestwo Trzecie, w którym położone jest Nowe Jeruzalem. W Nowym Jeruzalem znajduje się tron Boży tak, jak siedzibą prezydenta Korei jest Seul, a siedzibą prezydenta Stanów Zjednoczonych jest Biały Dom w Waszyngtonie.

Biblia mówi nam też o wieńcach, które w nagrodę otrzymają dzieci Boże. Pośród wielu zadań te, które dotyczą duszpasterstwa i budowania świątyni Bożej na ziemi, wynagradzane są najbardziej sowicie.

Istnieje wiele sposobów, aby przywieść dusze do Pana i czynić posługę duszpasterską. Możemy propagować wiarę chrześcijańską wśród ludzi, choćby składając różnego rodzaju datki na ten cel lub wykorzystując swoje talenty wspomagać ten proces pracą na rzecz królestwa Bożego. Te niebezpośrednie sposoby prowadzenia dusz do Pana odgrywają istotną rolę w budowaniu królestwa Bożego. Są jak części ciała, z których każda jest niezbędna, by całość mogła sprawnie funkcjonować.

Mimo to za bezpośredni udział w ewangelizacji ludzi i budowaniu sanktuarium, w którym będą mogli zebrać się i czcić Pana, przysługuje największa nagroda. Bowiem takie działania są odpowiednikiem zaspokajania pragnienia Jezusa i spłacania przelanej przez Niego krwi.

Zależnie od spełnienia różnych kryteriów, przyznawane są różne wieńce w niebie. Każda z wieńców różni się też wartością. Po wieńcu będzie można poznać wielkość uświęcenia osoby, oraz jej nagrodę i miejsce, w którym mieszka w niebie. Zupełnie jak w czasach ustroju monarchii, kiedy to ludzie mogli ocenić status społeczny osoby po jej ubraniu.

Przyjrzyjmy się bliżej powiązaniom między wielkością wiary, miejscami w niebie, a stanowiącymi nagrodę wieńcami.

Raj jest dla ludzi, których wiara znajduje się na pierwszym poziomie

Raj zajmuje najniższe miejsce w niebie. Mimo to w porównaniu do naszego świata jest miejscem niewyobrażalnie pięknym, pełnym radości, szczęścia i pokoju. Co więcej, wyobraźmy sobie miejsce, gdzie w ogóle nie ma grzechu! Raj jest dużo lepszym miejscem od Edenu, miejsca gdzie Bóg stworzył Adama i Ewę.

Raj jest piękny. Płynie tam Rzeka Życia, której źródło znajduje się u tronu Bożego, a która przepływa przez pozostałe Królestwa: Pierwsze, Drugie i Trzecie. Po każdej stronie rzeki rośnie drzewo żywota, rodzące dwanaście razy, wydające co miesiąc swój owoc (Obj. 22,2).

Raj jest dla tych, którzy uznali Jezusa Chrystusa za Zbawiciela, lecz nie poparli swej wiary uczynkami. Są to osoby na pierwszym poziomie wiary, którym zaledwie udaje się wstąpić do nieba i otrzymać Ducha Świętego. Dlatego też nie otrzymują żadnego wieńca ani nagrody.

W Ewangelii Łukasza 23,43 Jezus tak się zwraca do ukrzyżowanego obok Niego złoczyńcy: „*Zaprawdę powiadam ci, dziś będziesz ze mną w raju.*" Nie oznacza to, że Jezus przebywa tylko w Raju. Jezus jest wszędzie w niebie, ponieważ jest jego Panem. Jak dowiemy się z Biblii, Syn Boży po śmierci trafił nie do Raju, a do Szeolu.

W Liście do Efezjan 4,9 pada pytanie: „*A to, że wstąpił, cóż innego oznacza, aniżeli to, ze wpierw zstąpił do podziemi?*" Natomiast w 1 Liście Piotra 3,18-19 czytamy: „*Gdyż i Chrystus raz za grzechy cierpiał, sprawiedliwy za niesprawiedliwych, aby was przywieść do Boga; w ciele wprawdzie poniósł śmierć, lecz w duchu został przywrócony życiu. W nim też poszedł i zwiastował duchom będącym w więzieniu.*" Innymi słowy Jezus wstąpił do Szeolu, aby głosić ewangelię, a dnia trzeciego zmartwychwstał.

Dlatego mówiąc: „*Zaprawdę powiadam ci, dziś będziesz ze mną w raju*", Jezus przewidział, że złoczyńca zostanie zbawiony i trafi do Raju. Człowiek ten nie mógł pójść tylko tam, ponieważ dopiero tuż przed śmiercią uznał Jezusa za Zbawiciela. Nie podjął walki z grzechem, aby wypełnić swe posłannictwo na rzecz królestwa Bożego.

Królestwo Pierwsze

Jak wygląda Królestwo Pierwsze? Różnica między Królestwem Pierwszym a Rajem jest tak wielka, jak różnica między Rajem a naszym światem. Królestwo Pierwsze jest to bez porównania szczęśliwsze i radośniejsze miejscem od Raju.

Jeśli porównamy szczęście osoby, która trafiła do Królestwa Pierwszego do szczęścia złotej rybki żyjącej w kulistym akwarium, to szczęście człowieka w Królestwie Drugim możemy porównać do szczęścia wieloryba w Oceanie Spokojnym. Tak, jak złota rybka najlepiej czuje się w dopasowanym akwarium, osoba zamieszkała w Królestwie Pierwszym czuje prawdziwe szczęście, ponieważ tam jest jej najlepiej.

Teraz, gdy świadomi jesteśmy różnic między wielkością szczęścia wśród mieszkańców nieba, wyobraźmy sobie jak wspaniałe życie czeka nas w Nowym Jeruzalem, w którym znajduje się tron Boży. To miejsce jest doskonałe, przepiękne, zapierające dech, jest ponad wszystko, co możemy sobie wyobrazić. Dlatego powinniśmy wzrastać w wierze i w nadziei na Nowe Jeruzalem. Nie powinniśmy zadawalać się samym dotarciem do Raju lub Królestwa Pierwszego.

Uznając Jezusa Chrystusa za Zbawiciela, z pomocą Ducha Świętego, wkrótce możemy osiągnąć drugi stopień wiary, na którym staramy się żyć według Słowa Bożego. Próbujemy go przestrzegać, choć nie zawsze nam się to udaje.

Tak samo jest z dzieckiem poniżej pierwszego roku życia,

które stara się stanąć na nogi mimo licznych upadków. W końcu po wielu próbach uda mu się, zacznie chodzić, a później biegać. Jak piękny i miły sercu musi być to widok dla mamy, kiedy jej dziecko dobrze się rozwija? Podobnie jest z kolejnymi poziomami wiary. Tak, jak dziecko stara się stanąć, chodzić, a później biegać, ponieważ jest żywą istotą, tak samo żywa wiara wzrasta, aż osiągnie drugi poziom, a następnie trzeci. Ponieważ Bóg kocha także osoby na drugim poziomie wiary, przygotował dla nich Królestwo Pierwsze.

Wieniec nieznikomy

W Królestwie Pierwszym otrzymujemy wieniec nieznikomy. Wieńców jest wiele, zależnie od miejsca zamieszkania w niebie możemy nosić: wieniec nieznikomy, wieniec chwały, wieniec żywota, wieniec złoty oraz wieniec sprawiedliwości. Dla tych, którzy wstąpią do Królestwa Pierwszego, przeznaczony jest wieniec nieznikomy.

W 2 Liście do Tymoteusza 2,5-6 jest napisane: *„Również jeżeli ktoś staje do zapasów, otrzymuje wieniec tylko /wtedy/, jeżeli walczył przepisowo. Rolnik pracujący w znoju pierwszy powinien korzystać z plonów."* Oznacza to, że tak jak otrzymujemy nagrodę za trud w naszym świecie, tak samo otrzymamy nagrodę za podążanie wąską ścieżką do nieba.

Zapaśnik otrzyma medal lub wieniec zwycięzcy tylko wtedy, gdy walczy przepisowo i wygra. Tak samo jest z wieńcami w niebie. Otrzymamy je, jeśli tylko walczymy i podążamy ku niebu, przestrzegając Słowa Bożego.

Jezus ostrzega nas: *„Nie każdy, kto do mnie mówi: Panie,*

Wieńce i miejsca zamieszkania w niebie

Panie, wejdzie do Królestwa Niebios; lecz tylko ten, kto pełni wolę Ojca mojego, który jest w niebie" (Mat 7,21). Dlatego jeśli nawet mówimy, że wierzymy, a ignorujemy duchowe prawo Boże, nie otrzymamy wieńca, bo nasza wiara będzie wiarą rozumową, a my będziemy jak zapaśnik, który nie przestrzega reguł.

Jeśli jednak będziemy stosowali się do reguł Bożych, to nawet gdy nasza wiara jest słaba, otrzymamy wieniec nieznikomy. Jest on symbolem przestrzegania wszystkich zasad podczas wyścigu do nieba.

Wyścigiem, w którym bierze udział osoba wierząca, nazywamy duchową walkę z szatanem i grzechem. Nagrodą za jego ukończenie i pokonanie szatana jest wieniec nieznikomy.

Załóżmy, że w niedzielę uczęszczamy tylko na poranne nabożeństwo kultowe, a po południu umawiamy się z przyjaciółmi. Postępując w ten sposób, nie otrzymamy nawet wieńca nieznikomego, ponieważ przegrywamy walkę z szatanem i złem.

W 1 Liście do Koryntian 9,25 jest napisane: *„A każdy zawodnik od wszystkiego się wstrzymuje, tamci wprawdzie, aby znikomy zdobyć wieniec, my zaś nieznikomy."*

Aby móc wziąć udział w zawodach, każdy z uczestników przechodzi ciężki trening, musi powstrzymać się od wielu rzeczy, a później przestrzegać zasad. I my powinniśmy trenować duchowo i przestrzegać Słowa Bożego, celem dotarcia do nieba. Bóg, którego miłość jest nieskończona, widząc nasze starania, przygotuje wieniec, który nigdy nie straci na wartości. Jest on przeznaczony dla tych, którzy starają się żyć na Ziemi zgodnie z Bożym prawem.

Poza tym, przeciwnie do Raju, w Królestwie Pierwszym przewidziano dla wszystkich nagrody. Otrzymają je i okryją się chwałą ci, którzy tam trafią, ponieważ w imię Pana działali na rzecz królestwa Bożego.

Królestwo Drugie

Za Królestwem Pierwszym jest Królestwo Drugie. Wejść mogą do niego osoby na trzecim stopniu wiary, które żyją według Słowa Bożego. Dokoła Seulu, stolicy Korei, znajdują się miasta-satelity, natomiast dalej rozciągają się peryferia. Podobnie jest w niebie. Nowe Jeruzalem stanowi centrum Królestwa Trzeciego, wokół niego rozciąga się Królestwo Drugie, następnie Królestwo Pierwsze, a za nim Raj. Nie oznacza to, że każde miejsce w niebie znajduje się gdzie indziej niż miasta w naszym świecie.

Posiadając ograniczoną wiedzę, nie potrafimy dokładnie pojąć, w jaki tajemniczy i cudowny sposób zorganizowane jest niebo. Możemy jedynie próbować je sobie wyobrazić, jednak nigdy nie zdołamy go dokładnie odwzorować. Zrozumienie jego układu przychodzi wraz z wiarą, ponieważ nieba nie da się wytłumaczyć, porównując je do czegokolwiek z tego świata.

Król Salomon posiadał bogactwo i władzę. W życiu wiodło mu się bardzo dobrze. Kiedy jednak był już w podeszłym wieku narzekał: „Marność nad marnościami, mówi Kaznodzieja, marność nad marnościami, wszystko marność." *„Jaki pożytek ma człowiek z całego swego trudu, który znosi pod słońcem?"* (Kazn. 1,2-3)

Natomiast w Liście Jakuba 4,14 napisano: *„Wy, którzy nie wiecie, co jutro będzie. Bo czymże jest życie wasze? Parą jesteście, która ukazuje się na krótko, a potem znika."* Te słowa dobitnie przekazują nam, że bogactwo i wszelkie dobra z tego świata są nietrwałe i szybko przestają stanowić dla nas wartość. W porównaniu do życia wiecznego, nasze obecne życie jest jak para, która pokazuje się na krótko, a potem znika. Wieniec dany przez Boga jest jednak wieczny i nigdy nie zniknie. Stanowi tak wartościową nagrodę, że dla każdego, kto go nosi, jest źródłem wiecznej dumy. Jakże pozbawione sensu musi być życie, w którym nie możemy wielbić Pana i wyznawać wiary w Niego! Kto jednak jest szczery we wszystkim, co robi i znajdzie się na trzecim poziomie wiary, często będzie słyszał od bliźnich: „Dzięki temu, że Cię poznałem, postanowiłem zacząć chodzić do kościoła!" W ten sposób osoba ta działa na chwałę Bożą i dlatego Bóg nagradza ją wieńcem chwały.

Wieniec chwały

W 1 Liście Piotra 5,2-4 Bóg mówi nam:

> „*Paście trzodę Bożą, która jest między wami, nie z przymusu, lecz ochotnie, po Bożemu, nie dla brzydkiego zysku, lecz z oddaniem, Nie jako panujący nad tymi, którzy są wam poruczeni, lecz jako wzór dla trzody. A gdy się objawi Arcypasterz, otrzymacie niezwiędłą koronę chwały.*"

Na trzecim poziomie wiary upodabniamy się do Chrystusa. Wyrzeczenie się grzechu sprawia, że nasza mowa i zachowanie stają się światłością i solą tej ziemi. Ktoś, kto dotychczas wybuchał gniewem i źle mówił o innych, staje się łagodny jak baranek i przedstawia bliźnich w pozytywnym świetle. Jego bracia powiedzą: „Tak bardzo zmienił się od czasu, gdy został Chrześcijaninem." Ta osoba swoim zachowaniem wysławia Pana.

Dla tych, którzy sławią Pana, Stwórca przygotował wieniec chwały, ponieważ wyrzekli się oni grzechu i wypełniają swoje posłannictwo na ziemi, stanowiąc przykład godny naśladowania. Wszystko, co robimy w imię Pana oraz to, co czynimy poprzez wypełnianie obowiązków na ziemi i wyrzeczenie się grzechu, zostanie wzięte pod uwagę przy przydzielaniu nagrody.

Wszelka świetność z tego świata z czasem zaniknie, ale chwała, którą oddamy Bogu pozostanie na wieki i wróci do nas w postaci wieńca chwały, którego wartość nigdy nie przemija.

Czasami zadajemy sobie pytanie: „Ta osoba powinna być doskonała. Pod względem nastawienia powinna przypominać Pana, bo przecież jest tak wierna i oddana Bogu. Ale dlaczego nadal mieszka w niej zło?"

Oznacza to, że osoba ta nie jest jeszcze w pełni uświęcona. Nie wyrzekła się jeszcze grzechów, choć robi wszystko, co w jej mocy, by wypełnić swoją misję na ziemi, a tym samym działać na chwałę Boga. Dlatego otrzyma wieniec chwały, który jest wieczny.

Skąd wzięła się nazwa „wieniec chwały"? W całym swoim życiu większość z nas otrzymuje nagrodę jeden raz lub dwa razy. Im jest większa, tym jesteśmy szczęśliwsi i tym bardziej się przechwalamy. Jednak po pewnym czasie patrzymy w przeszłość i dochodzimy do wniosku, że chwała pochodząca z tego świata jest niewiele warta. Dyplom honorowy staje się bezużytecznym świstkiem papieru, trofea pokrywają się kurzem, a niegdyś silne wspomnienia bledną.

Z drugiej strony, otrzymana w niebie chwała nigdy nie przejmija. Dlatego Jezus naucza: *"Gromadźcie sobie skarby w niebie, gdzie ani mól, ani rdza nie niszczą i gdzie złodzieje nie podkopują i nie kradną"* (Mat. 6,20).

Wieniec chwały nie może być porównany do jakiejkolwiek nagrody na tym świecie. Jego światłość i wartość są wieczne. Jeśli wieńce w niebie są wieczne, wyobraźmy sobie, jak wszystko musi tam być doskonałe.

A jak czują się osoby zamieszkujące Raj lub Królestwo Pierwsze, kiedy odwiedza ich osoba nosząca wieniec chwały? Wszyscy ci mieszkańcy podziwiają i wielbią z całego serca takich gości, kłaniają się im, a czasami nawet nie podnoszą wzroku, jakby stanęli przed obliczem króla.

Jednak nigdy nie nienawidzą, ani nie zazdroszczą, ponieważ w niebie nie ma zła. Spoglądają z miłością i szacunkiem. W niebie nie czujemy się nieswojo ani nie odczuwamy poniżenia, gdy z szacunkiem kłaniamy się lub okazują go nam inni z racji zajmowania niższego miejsca. Wynika to z troski o siebie i doceniania wkładu każdej osoby, która znalazła się w niebie.

Królestwo Trzecie

Królestwo Trzecie jest dla tych, którzy całkowicie przestrzegają Słowa Bożego i mają wiarę męczeńską. Uważają swe życie za nic nie warte, ponieważ ponad wszystko kochają Boga i gotowe są dla Niego umrzeć.

Wielu Chrześcijan poniosło śmierci w Korei za panowania Dynastii Chosun. W tym okresie nasiliły się prześladowania i uciski Chrześcijan. Rząd przyznał nawet nagrody za doniesienie o miejscach ich kryjówek. Mimo to misjonarze ze Stanów Zjednoczonych i Europy, nie obawiając się śmierci, jeszcze bardziej żarliwie głosili dobrą nowinę. Wielu z nich umarło, zanim te działania przyniosły widoczne rezultaty.

Dlatego, jeśli pragniemy wybrać się na misję do innego kraju, dobrze byłoby, abyśmy mieli wiarę męczeńską. Dzięki niej, nawet cierpiąc niewygody w obcym kraju, będziemy w stanie z radością pracować i dziękować Bogu, żywiąc przekonanie, że wszystkie wysiłki zostaną sowicie nagrodzone w niebie.

Niektórzy mogą myśleć: „Żyję w kraju, gdzie istnieje wolność wyznaniowa i nie ma prześladowań. Jednak źle czuję się z tym, że nie mogę umrzeć dla królestwa Bożego, choć mam wiarę męczeńską i jestem gotów ponieść śmierć." Jednak w dzisiejszych czasach do głoszenia dobrej nowiny śmierć męczeńska nie jest potrzebna, jak było to niegdyś za początków formowania się kościoła.

Oczywiście życie męczenników jest uzasadnione. Ale czy Bóg nie będzie z nas jeszcze bardziej zadowolony, gdy z pełną determinacją, gotowi poświęcić życie, będziemy głosić ewangelię?

Co więcej, Bóg spogląda w nasze serca i zna naszą wiarę. Wie, jak zachowamy się w sytuacji, gdy głosząc ewangelię nasze życie zostanie zagrożone. Zna nasze serca dogłębnie. Bardziej cenne dla nas może być prowadzenie życia męczennika, bo jak mówi stare porzekadło „Żyć jest trudniej, niż umrzeć."

W naszym codziennym życiu napotkamy wiele spraw dotyczących życia i śmierci, które będą wymagały od nas wiary męczeńskiej. Na przykład, post i modlitwa trwające dzień i noc są niemożliwe bez silnego postanowienia i wiary, ponieważ ryzykujemy życiem, aby otrzymać odpowiedź od Boga. Jacy ludzie mogą wstąpić do Królestwa Trzeciego? Wszyscy, którzy są w pełni uświęceni.

W czasach formowania się kościoła wiele osób gotowych było umrzeć za Jezusa Chrystusa i wielu z nich mogło wstąpić do Królestwa Trzeciego. Jednak obecnie, kiedy na Ziemi panoszy się zło, istnieje znikoma liczba osób gotowych wyrzec się grzechu przed Bogiem.

Do grupy, która może wstąpić do Królestwa Trzeciego, zaliczają się osoby o wierze ojców. Poddawane rozmaitym próbom i doświadczające wielu trudności, potrafią wyrzec się wszystkich grzechów. Stają się w pełni uświęcone i są wierne aż do śmierci. Dlatego w oczach Boga są bardzo cenni. Bóg zsyła im aniołów, aby chroniły ich i otacza chwałą.

Wieniec żywota

Jaki wieniec otrzymujemy w Królestwie Trzecim? W Objawieniu Jana 2,10 jest napisane: *„Bądź wierny aż do śmierci, a dam ci koronę żywota."* Jest to wieniec żywota.

W przytoczonym fragmencie „bądź wierny" nie odnosi się do należytego wykonywania swoich obowiązków w kościele, a oznacza odrzucenie wszelkiego zła, walkę z grzechem aż do krwi i bez jakichkolwiek ustępstw. A kiedy już nasze serce będzie czyste i święte, otrzymamy wieniec żywota.

Wieniec żywota otrzymają również ci, którzy są gotowi oddać życie za swoich bliźnich i przyjaciół lub wytrwają w próbie (Jan. 15,13; Jak. 1,12).

Na przykład, niewiele poddanych próbie osób potrafi wytrwać bez narzekania, złoszczenia się lub z zachowaniem wdzięczności w sercu.

Z drugiej strony, jeśli ktoś potrafi wytrzymać wszelkie próby z radością, zostanie uznany za w pełni uświęconą osobę. Kto bardzo kocha Boga, potrafi być wierny do śmierci i pokonać wszelkie przeciwności.

Istnieją duże rozbieżności w jakości życia ludzi, która zależy od wielkości wiary, czyli czy znajduje się ona na pierwszym, drugim, trzecim, czy czwartym poziomie. Zło nie dosięgnie osoby na czwartym poziomie wiary. Gdy człowiek taki zachoruje, od razu będzie o tym wiedział. Przyłoży rękę do chorej części ciała i wyzdrowieje. Co więcej, na piątym poziomie wiary żadna choroba nawet takiej osoby nie tknie, ponieważ zawsze otacza ją światłość chwały.

Główną przyczyną życia ludzi na ziemi jest to, abyśmy stali się prawdziwymi dziećmi Bożymi, które będą mogły wstąpić do Trzeciego Królestwa lub dalej. Wprawdzie każde miejsce w niebie jest pełne radości i szczęścia, lecz niebo w prawdziwym tego słowa znaczeniu zaczyna się od Królestwa Trzeciego, gdzie dostęp mają tylko osoby święte. Jest to specjalny obszar dla tych dzieci Bożych, które żyły według Słowa Bożego. Tam są w stanie zobaczyć Boga.

Ponieważ Bóg pragnie, aby każdy dostał się co najmniej do Królestwa Trzeciego, nieustanie pomaga, abyśmy stali się uświęceni. Z pomocą Ducha Świętego daje nam łaskę i moc, żebyśmy mogli żarliwie się modlić i słuchać słowa życia.

W Przypowieściach Salomona 17,3 jest napisane: *„Tygiel wytapia srebro, a piec złoto, lecz Pan bada serca",* ponieważ pragnie, abyśmy stali się Jego prawdziwymi dziećmi.

Mam nadzieję, że każdy z nas podoła w walce z grzechem oraz wyrzeknie się go zupełnie, przez co szybko zostanie uświęcony i posiądzie wiarę doskonałą, której Bóg tak w nas poszukuje.

Nowe Jeruzalem

Im więcej wiemy o niebie, tym bardziej zdajemy sobie sprawę, jak wiele rzeczy pozostaje dla nas okryte płaszczem tajemnicy. Nowe Jeruzalem jest najwspanialszym miejscem w całym niebie. To w nim znajduje się tron Boży. Niektórzy mogą błędnie myśleć, że trafiają do niego wszystkie zbawione dusze lub że Nowym Jeruzalem nazywamy całe niebo. Jednak tak nie jest. W Objawieniu Jana 21,16-17 podane są rozmiary Nowego Jeruzalem: długość 1 400 mil (około 2 400 kilometrów) a obwód wynosi 5 600 mil (około 10 000 km). Jest to obszar niewiele mniejszy od Zakazanego Miasta w Chinach.

Gdyby wszystkie dusze znajdowały się w Nowym Jeruzalem, miasto mogłoby być przeludnione, jednak w niebie jest dużo więcej miejsca. Jest ono niewyobrażalnie duże, a Nowe Jeruzalem stanowi zaledwie jego cząstkę.

Kto może wstąpić do Nowego Jeruzalem?

„Błogosławieni, którzy piorą swoje szaty, aby mieli prawo do drzewa żywota i mogli wejść przez bramy do miasta" (Obj. 22,14).

„Szaty" symbolizują serce i uczynki, natomiast „prać szaty" oznacza oczyszczanie serca w przygotowaniach na spotkanie z Jezusem Chrystusem.

„Prawo do żywota" oznacza, że zostaniemy zbawieni na mocy

wiary i pójdziemy do nieba. Natomiast „wejść przez bramy do miasta" zapowiada, że przekroczymy wszystkie poziomy nieba i przez bramy z pereł wejdziemy do Nowego Jeruzalem. To, jak daleko zajdziemy zależy od wielkości wiary oraz stopnia naszego uświęcenia.

Do Nowego Jeruzalem będziemy mogli wejść tylko wtedy, gdy posiadamy wiarę na piątym poziomie oraz jesteśmy w pełni uświęceni i wierni w cały domu Bożym. Jest to wiara, w której Bóg ma upodobanie. Gdy ją posiadamy Pan może zwrócić się do nas: „Co mogę dla ciebie zrobić?", zanim my zdążymy zwrócić się do Niego z prośbą. Jest to doskonała wiara duchowa, zwana wiarą Jezusa Chrystusa, który zawsze postępował zgodnie z wolą Bożą.

Jezus *„chociaż był w postaci Bożej, nie upierał się zachłannie przy tym, aby być równym Bogu, lecz wyparł się samego siebie, przyjął postać sługi i stał się podobny ludziom; a okazawszy się z postawy człowiekiem, uniżył samego siebie i był posłuszny aż do śmierci"* (Filip. 2,6-8).

„Dlatego też Bóg wielce go wywyższył i obdarzył go imieniem, które jest ponad wszelkie imię" (Filip. 2,9), pozwolił Mu zasiąść u swego boku, oraz dał mu władzę, mianując Go Królem królów i Panem panów.

Jeśli nasz cel stanowi Nowe Jeruzalem, powinniśmy być posłuszni Bogu aż do śmierci jak Jezus. Niektóre osoby mogą mieć wątpliwości: „Wydaje mi się, że nie jestem w stanie dochować posłuszeństwa aż do śmierci. Czy w takim razie nadal mogę posiąść wiarę na piątym poziomie?"

Takie wyznanie bierze się ze słabej jeszcze wiary. Gdy oczami wyobraźni zobaczymy Nowe Jeruzalem, nikt z nas nigdy więcej nie powie czegoś takiego, ponieważ wypełni go jeszcze większa

Wieńce i miejsca zamieszkania w niebie 245

nadzieja na życie w tak cudownym miejscu w niebie. Puśćmy teraz wodze wyobraźni i przypatrzymy się wspaniałemu Jeruzalem, Świętemu Miastu, które dumnie stoi w blasku chwały.

Piękno Nowego Jeruzalem

Tak, jak panna młoda stroi się najpiękniej jak potrafi, aby wyjść na spotkanie swojemu narzeczonemu, tak Bóg przygotował i ozdobił Nowe Jeruzalem, jak najwspanialej potrafił. O tym miejscu opowiada fragment Objawienia Jana 21,10-11:

> *„I zaniósł mnie w duchu na wielką i wysoką górę, i pokazał mi miasto święte Jeruzalem, zstępujące z nieba od Boga, Mające chwałę Bożą; blask jego podobny do blasku drogiego kamienia, jakby jaspisu, lśniącego jak kryształ."*

Potężne i wysokie mury wykonany są z jaspisu. Mury miasta maj dwanaście kamieni węgielnych. Dwanaście bram, to dwanaście pereł; a każda brama jest z jednej perły. Ulica zaś miasta, to szczere złoto, jak przezroczyste szkło (Obj. 21,11-21).

Jest tak wiele olbrzymich i wspaniałych budowli w Nowym Jeruzalem. Dlaczego Bóg tak szczegółowo opisuje ulicę i mur? Ponieważ na naszym świecie złoto jest tym, co uważamy za najbardziej bezcenne i co pragniemy posiadać. Wybraliśmy złoto nie tylko dlatego, że jest cenne, ale ponieważ nigdy nie traci na wartości.

Natomiast w Nowym Jeruzalem nawet ulice wykonane są ze

złota, a mury miasta z rozmaitych klejnotów. Wyobraźmy sobie jak piękne muszą być pozostałe budowle! To z tego powodu Bóg opisuje w ten sposób ulicę i mury miasta.

Miasto to nie potrzebuje także Słońca ani innego sztucznego oświetlenia, ponieważ blask bije od Boga i nigdy nie zapada zmrok. Z podnóża tronu Bożego wypływa Rzeka Życia, której czyste jak kryształ wody płyną wzdłuż wspaniałej ulicy. Po każdej stronie rzeki są plaże pełne złotego i srebrnego piasku, a na obydwu jej brzegach rośnie drzewo żywota, rodzące dwanaście razy, wydające co miesiąc swój owoc. Ludzie spacerują po ogrodach, które Bóg udekorował drzewami i kwiatami. Dzięki światłości i miłości Pana naszego, Jezusa Chrystusa, całe miasto przepełnia pokój i szczęście, a żadnej z tych rzeczy nie można opisać słowami, które są nam znane.

To, co tam zobaczymy oczaruje nas: rezydencje i ulice wykonane z klejnotów i złota. Jest to świat przekraczający granice naszej wyobraźni, a ich blask, chwała i dostojność są niespotykane.

„A miasto nie potrzebuje ani słońca ani księżyca, aby mu świeciły; oświetla je bowiem chwała Boża, a lampą jego jest Baranek" (Obj. 21,23).

„I ujrzałem niebo nowe i ziemię nową, bo pierwsze niebo i pierwsza ziemia przeminęły, i morza już nie ma. I Miasto Święte – Jeruzalem Nowe ujrzałem zstępujące z nieba od Boga, przystrojone jak oblubienica zdobna w klejnoty dla swego męża" (Obj. 21,1-2).

Dla kogo zostało przygotowane tak piękne Święte Miasto?

Wieńce i miejsca zamieszkania w niebie 247

Bóg przygotował Nowe Jeruzalem dla tych zbawionych, którzy stali się Jego prawdziwymi dziećmi, którzy są święci i doskonali jak On sam. To dlatego Bóg nawołuje nas, abyśmy stali się w pełni uświęceni: „*Od wszelkiego rodzaju zła z dala się trzymajcie*" (1 Tes. 5,22), „*Świętymi bądźcie, bo Ja jestem święty*" (1 Piotr. 1,16) oraz „*Bądźcie wy tedy doskonali, jak Ojciec wasz niebieski doskonały jest*" (Mat. 5,48).

Jednak tylko niektóre w pełni uświęcone osoby przekroczą bramy Nowego Jeruzalem, podczas gdy pozostałe pozostaną w Królestwie Trzecim. Zależy to od tego, w jakim stopniu ich serce podobne jest sercu Pana oraz jak bardzo przejawia się ten fakt w ich uczynkach. Mieszkańcy Świętego Miasta, poza pełnym uświęceniem, naśladują także Jego serce i wypełniają wolę Bożą, nawet jeśli mieliby poświęcić z tego powodu własne życie.

Wyobraźmy sobie rodzinę, w której jest dwóch synów. Pewnego dnia ich ojciec wraca z pracy i mówi, że jest spragniony. Starszy syn wiedział, że ojciec woli napoje bezalkoholowe, więc przyniósł mu wodę gazowaną, Zrobił mu także masaż pleców i pomógł się odprężyć. Młodszy natomiast przyniósł mu szklankę wody, po czym poszedł do pokoju uczyć się. Znając swojego ojca, który z tych dwóch synów bardziej mu pomógł? Zapewne starszy syn.

Osoby wkraczające do Nowego Jeruzalem są inne niż te, które pozostają w Królestwie Trzecim. W niektórych z nich Bóg ma większe upodobanie, ponieważ we wszystkim byli wierni i naśladowali Jego serce.

Jezus pragnie, abyśmy lepiej zrozumieli wolę Bożą, dlatego określa wiarę piątego poziomu mianem wiary, w której Bóg ma upodobanie. Stwórca niezmiernie cieszy się z osób, które zostały uświęcone na mocy wiary. Cieszy się z osób, które głoszą ewangelię i prowadzą innych do zbawienia. Kocha tych, którzy są wierni, wzmacniają Jego królestwo oraz szerzą sprawiedliwość.

Wieniec sprawiedliwości i wieniec ze złota

Mieszkańcy Nowego Jeruzalem otrzymują w nagrodę wieniec sprawiedliwości i wieniec ze złota.

W Objawieniu Jana 4,4 jest napisane: *„A wokoło tronu dwadzieścia cztery trony, a na tych tronach siedzących dwudziestu czterech starców, odzianych w białe szaty, a na głowach ich złote korony."* W przytoczonym fragmencie słowo „starcy" nie odnosi się do starszyzny jak często określamy osoby zajmujące już pewną pozycję w kościele, lecz do ludzi, którzy słuchają serca Bożego. Są oni w pełni uświęceni i zdołali zbudować zarówno rzeczywiste sanktuaria Boże, jak budować świątynię Bożą w swoich sercach.

W 1 Liście do Koryntian 3,16-17 Bóg mówi, że Jego Duch mieszka w naszych sercach jak w świątyni Bożej. Jeśli ktoś zniszczy świątynię Bożą, tego zniszczy Bóg. Zbudowanie niewidzialnej świątyni Bożej w sercu oznacza, że staliśmy ludźmi duchowymi i wyrzekamy się grzechu, natomiast zbudowanie widzialnej świątyni Bożej oznacza zakończenie misji na Ziemi.

Liczba dwadzieścia cztery w wyrażeniu „dwudziestu czterech starców" jest sumą i oznacza ludzi, którzy na mocy wiary przejdą przez wrota zbawienia jak dwanaścioro plemion Izraela, a którzy jednocześnie będą w pełni uświęceni jak dwunastu apostołów Jezusa. Jeśli na mocy wiary zostaniemy uznani za dziecko Boże, staniemy się jednym z członków ludu Izraela. Co więcej, jeśli zostaniemy uświęceni i będziemy wierni jak dwunastu apostołów Jezusa, bramy do Nowego Jeruzalem staną przed nami otworem.

Tak oto dwudziestu czterech starców symbolizuje ludzi w pełni uświęconych, wiernych i oddanych, w których Bóg ma upodobanie. Nagradza ich wieńcem ze złota, ponieważ tak czysta i cenna jest ich wiara.

Natomiast wieniec sprawiedliwości czeka na osoby, które wyrzekły się grzechów, wypełniły swą posługę na Ziemi i w których wierze Pan ma upodobanie, jak w wierze apostoła Pawła. Paweł poświęcił się dla sprawiedliwości. Cierpiał i był prześladowany. Czynił wszystko, aby wytrwać w wierze i budować królestwo Boże. Czy to jadł, czy pił, wszystko robił na chwałę Pana i świadczył o Jego mocy w każdym miejscu, do którego trafił. Z tego powodu mógł z całą pewnością rzec: „*A teraz oczekuje mnie wieniec sprawiedliwości, który mi w owym dniu da Pan, sędzia sprawiedliwy, a nie tylko mnie, lecz i wszystkim, którzy umiłowali przyjście jego"* (2 Tym. 4,8).

Poznaliśmy niebo, dowiedzieliśmy się, jak kierować się ku niemu, gdzie można w nim zamieszkać i jakie nagrody, zależne od wielkości wiary, na nas czekają.

Zatem modlę się w imię Pana naszego, Jezusa Chrystusa, aby każdy z nas był roztropnym chrześcijaninem, który pragnie tylko tego, co wieczne, który podąża ku niebu, i na którego czeka wieczna chwała i szczęście w Nowym Jeruzalem.

Autor:
Dr. Jaerock Lee

Dr Jerock Lee urodził się w 1943 roku w Muan, w prowincji Jeonnam, w Republice Korei. Kiedy skończył 20 lat cierpiał z powodu wielu różnych nieuleczalnych chorób przez siedem lat i czekał na śmierć zupełnie pozbawiony nadziei na wyzdrowienia. Pewnego dnia, wiosną 1974 roku, jego siostra przyprowadziła go do kościoła, i kiedy ukłęknął, aby się pomodlić, Żywy Bóg natychmiast uzdrowił go ze wszystkich chorób.

Dzięki temu doświadczeniu, Dr Lee poznał prawdziwego żyjącego Boga, pokochał Go całym swoim sercem i w 1978 został powołany na sługę Bożego. Gorliwie modlił się o jasne i pełne zrozumienie woli Bożej, zrealizowanie Jego misji oraz posłuszeństwo wszystkim słowom Boga. W 1982 roku założył Centralny Kościół Manmin w Seulu w Korei, gdzie miały miejsce niezliczone dzieła Boże, łącznie z uzdrowieniami i cudami.

W 1986 roku Dr Lee został ordynowany na pastora podczas dorocznego zjazdu Kościoła Koreańskiego i cztery lata później, w 1990 roku, rozpoczęto emisję jego kazań w Australii, Rosji, na Filipinach i w wielu innych miejscach przez firmę Far East Broadcasting Company, Asia Broadcast Station oraz chrześcijańskie radio Washington Christian Radio System.

Trzy lata później w 1993 roku, Centralny Kościół Manmin został wybrany jako jeden z najbardziej popularnych kościołów na świecie przez amerykański magazyn chrześcijański „Christian World", a pastor Lee otrzymał tytuł doktora honorowego Honorary Doctorate of Divinity od chrześcijańskiego college'u na Florydzie w Stanach Zjednoczonych. W 1996 roku otrzymał również tytuł doktora od teologicznego seminarium Kingsway w Iowa, w Stanach Zjednoczonych.

Od 1993 Dr Lee zaczął prowadzić światową misję w Tanzanii, Argentynie, Los Angeles, Baltimore, Hawajach i w Nowym Jorku w Stanach Zjednoczonych, Ugandzie, Japonii, Pakistanie, Kenii, na

Filipinach, w Hondurasie, Indiach, Rosji, Niemczech, Peru, Demokratycznej Republice Kongo, Izraelu i Estonia. Informacja o jego misji w Ugandzie została wyemitowana w CNN, natomiast izraelskie ICC informowało o misji kościoła w Jerozolimie. Na antenie wygłosił komentarz, że Jezus Chrystus jest Mesjaszem. W 2002 roku został nazwany „pastorem światowym" przez największą chrześcijańską gazetę w Korei ze względu na jego prace misyjne na całym świecie.

We październik 2016 Centralny Kościół Manmin miał już ponad 120,000 członków. Na całym świecie jest 11,000 kościołów, włączając w to 54 kościoły w wielkim miastach samej Korei. Na ten moment 102 ośrodki misyjne zostały założone w 23 krajach, takich jak na przykład Stany Zjednoczone, Rosja, Niemcy, Kanadam Japonia, Chiny, Francja, Indie, Kenia i wiele innych.

Dr Lee napisał już 105 książek. Wiele z nich stało się bestsellerami: *Poczuć Życie Wieczne przed Śmiercią, Moje Życie, Moja Wiara I & II, Przesłanie Krzyża, Miara Wiary, Niebo I & II, Piekło,* oraz *Moc Boża*. Jego książki zostały przetłumaczone na ponad 76 języki.

Jego artykuły publikowane są w: *The Hankook Ilbo, The JoongAng Daily, The Dong-A Ilbo, The Chosun Ilbo, The Hankyoreh Shinmun, The Seoul Shinmun, The Kyunghyang Shinmun, The Korea Economic Daily, The Korea Herald, The Shisa News,* oraz *The Christian Press*.

Dr Lee jest obecnie przewodniczącym wielu organizacji misyjnych oraz stowarzyszeń takich jak na przykład: Chairman, The United Holiness Church of Jesus Christ; President, Manmin World Mission; Permanent President, The World Christianity Revival Mission Association; Founder & Board Chairman, Global Christian Network (GCN); Founder & Board Chairman, World Christian Doctors Network (WCDN); and Founder & Board Chairman, Manmin International Seminary (MIS).

Inne książki autora

Niebo I & II

Szczegółowy opis wspaniałego życia, które jest udziałem mieszkańców nieba, cieszących się pięknem królestwa niebieskiego.

Przesłanie Krzyża

Potężne przesłanie pobudzające do myślenia dla ludzi, którzy są w duchowym śnie! W niniejszej książce znajdziesz powód, dla którego tylko Jezus jest Zbawicielem oraz odczujesz prawdziwą miłość Bożą.

Piekło

Przesłanie dla człowieka od Boga, który pragnie wyratować każdą duszę z głębi piekła! W tej książce odkryjesz nigdy wcześniej nie opisywaną okrutną rzeczywistość piekła.

Duch, Duše a Tělo I & II

Průvodce, který nám umožní duchovní porozumění duchu, duši a tělu a pomůže nám objevit, jaký druh „já' jsme si vytvořili, abychom pak mohli získat moc porazit temnotu a stát se člověkem ducha.

Siedem Zborów

Posłanie Pana, mające na celu obudzenie wierzących oraz kościołów z duchowej drzemki, wysłane do siedmiu zborów i zapisane w 2 i 3 rozdziale Księgi Apokalipsy. Przesłanie odnosi się do wszystkich kościołów Pańskich.

Wzbudzony Izrael!

Dlaczego Bóg trzyma pieczę nad Izraelem od początku świata aż do dnia dzisiejszego? Jakie przeznaczenie jest przygotowane dla Izraela w ostatnich dniach oczekiwania na Mesjasza?

Moje Życie, Moja Wiara I & II

Niezwykły aromat życia duchowego wydobyty dzięki osobie, której życie rozkwitło w otoczeniu nieograniczonej miłości do Boga, pomimo ciążącego jarzma, ciemności i rozpaczy.

Moc Boża

Książka, którą musisz przeczytać, ponieważ dostarcza istotnych wskazówek, dzięki którym można posiąść prawdziwą wiarę oraz doświadczyć niesamowitej mocy Boga.

www.urimbooks.com

www.ingramcontent.com/pod-product-compliance
Lightning Source LLC
LaVergne TN
LVHW041907070526
838199LV00051BA/2534